JLPT 콕콕 찍어주마 N3 청해 4th EDITION

지은이 송현종
감　수 박성길, 도리이 마이코
펴낸이 정규도
펴낸곳 (주)다락원

초판 1쇄 발행 2003년 10월 13일
개정2판 1쇄 발행 2010년 5월 27일
개정3판 1쇄 발행 2017년 12월 11일
개정3판 6쇄 발행 2025년 6월 2일

책임편집 송화록, 이경숙
디자인 이선주, 하태호(표지)

다락원 경기도 파주시 문발로 211
내용문의: (02)736-2031 내선 460~465
구입문의: (02)736-2031 내선 250~252
Fax: (02)732-2037
출판등록 1977년 9월 16일 제406-2008-000007호

Copyright ⓒ 2017, 송현종

저자 및 출판사의 허락 없이 이 책의 일부 또는 전부를 무단 복제·전재·발췌할 수 없습니다. 구입 후 철회는 회사 내규에 부합하는 경우에 가능하므로 구입문의처에 문의하시기 바랍니다. 분실·파손 등에 따른 소비자 피해에 대해서는 공정거래위원회에서 고시한 소비자 분쟁 해결 기준에 따라 보상 가능합니다. 잘못된 책은 바꿔 드립니다.

ISBN 978-89-277-1183-4 18730
　　　978-89-277-1168-1 (set)

http://www.darakwon.co.kr

- 다락원 홈페이지를 방문하시면 상세한 출판정보와 함께 동영상강좌, MP3자료 등 다양한 어학 정보를 얻으실 수 있습니다.
- **파이널 테스트 문제의 스크립트와 해석**은 다락원 **홈페이지** 학습자료실에서 다운로드 받으시거나 교재 안의 **QR코드**를 통해 바로 확인하실수 있습니다.

머리말

본서는 2010년부터 새롭게 실시된 일본어 능력시험의 유형에 맞춰 발간된 『청해 콕콕 찍어주마 시리즈』의 개정판입니다. 본 개정판을 집필하면서 2010년부터 최근까지 출제된 시험 문제를 철저히 분석하여 보다 다양한 시험 유형과 일본어 어휘를 접할 수 있도록 전력을 다하였음을 자부합니다.

본서의 특징은 크게 세 가지가 있습니다.

첫째, 개정판에서는 문제 선택지의 난이도를 좀 더 높인 새로운 문제를 추가하였고, 일본의 문화, 사회, 경제, 과학, 교육, 날씨 등의 여러 분야에서 다양한 어휘를 접할 수 있도록 하여 수험생들의 고득점 취득에 도움이 되도록 하였습니다.

둘째, 최근 시험에 자주 등장하는 문제 동향을 꼼꼼하게 재분석하여 만든 파이널 테스트 1회분을 추가하였습니다. 기존의 파이널 테스트에 비하여 난이도가 높고, 시험에 자주 출제되는 학교, 회사에서의 상황을 설정한 문제가 조금 더 추가되었습니다.

셋째, 실전문제 해설 파트에 친절한 해답풀이와 함께 상세한 문법 설명을 덧붙여 혼자서 공부하는 수험생들의 든든한 길잡이가 되도록 하였습니다.

일본어 능력시험의 출제 내용은 실생활에서 자주 접할 수 있는 실전에 가까운 과제 해결 능력을 평가하는 문제 형태를 다루고 있습니다. 따라서 높은 수준의 어휘가 나와서 당황하거나, 경험하지 못한 상황 설정 때문에 선택지 선택이 까다로워 시간을 낭비할 수 있으니, 본서를 통해 다양한 분야의 어휘와 다양한 형태의 문제를 접하고 실력을 키워서 일본어 능력시험에 합격하시기를 진심으로 바랍니다.

끝으로 이 책의 출판에 도움을 주신 (주)다락원 정규도 사장님과 일본어출판부 직원 여러분에게 이 자리를 빌어 감사드립니다.

저자 송현종 드림

• JLPT 일본어 능력시험에 대하여

1. **목적 및 주최** | JLPT 일본어 능력시험은 원칙적으로 일본 국내외에서 일본어를 모국어로 하지 않는 사람을 대상으로 한다. 일본어를 공부하거나 사용하는 사람들의 일본어 능력을 측정하고 인정하는 것을 목적으로 한다. 일본 정부가 세계적으로 공인하는 유일한 일본어 시험으로 국제교류기금과 재단법인 일본국제교육지원협회가 주최한다.

2. **실시 횟수** | 매년 7월과 12월 첫째 주 일요일에 연 2회 실시한다. 하지만 주관 부서의 사정에 따라 변경될 수도 있으니 http://www.jlpt.or.kr/ 에서 확인하기 바란다.

3. **레벨** | 시험은 N1, N2, N3, N4, N5로 나뉘어져 있어 수험자가 자신에게 맞는 레벨을 선택하면 된다. 각 레벨에 따라 N1~N2는 언어지식(문자·어휘·문법)·독해, 청해의 두 섹션으로, N3~N5는 언어지식(문자·어휘), 언어지식(문법)·독해, 청해의 세 섹션으로 나뉘어져 있다.

4. **시험결과 통지와 합격 여부** | JLPT 일본어 능력시험은 다음 예와 같이 각 과목의 ①구분별 득점과 구분별 득점을 합계한 ②총점을 통지하며, 이 두 가지 기준에 따라 합격 여부를 판정한다. 즉, 총점이 합격점 이상이고, 각 구분별 득점(과목별 점수)이 기준점 이상이어야 합격이 된다.

〈 일반 수험자 합격 기준점 〉

2016. 12월 시험 기준

레벨	합격점/만점	기준점		
		언어지식	독해	청해
N3	95점 / 180점	19점 / 60점	19점 / 60점	19점 / 60점

* 2016년 12월 시험에서는 총점으로는 100점, 기준점으로는 각각 19점이 모두 넘어야 합격이 되었다. 만약 한 과목이라도 19점을 넘기지 못하면 총점이 100점을 넘더라도 불합격이 된다. 이 점수는 매년 달라진다.

A씨의 성적표

① 구분별 득점			② 총점
언어지식	독해	청해	
60 / 60	30 / 60	15 / 60	105 / 180

불합격

* 총점은 105점으로 합격점은 충족하지만, 청해가 15점으로 기준점 19점을 넘기지 못했다. 따라서 A씨는 불합격이다.

B씨의 성적표

① 구분별 득점			② 총점
언어지식	독해	청해	
40 / 60	30 / 60	35 / 60	105 / 180

합격

* 총점은 105점으로 합격점을 충족하며, 구분별 득점도 모두 19점 이상이므로 B씨는 합격이다.

5. 시험 내용 | 각 레벨의 인정 기준을 【읽기】, 【듣기】라는 언어행동으로 나타낸다. 각 레벨에는 이 언어행동을 실현하기 위한 언어지식이 필요하다.

레벨	구성 (항목 / 시간)		인정 기준
N1	언어지식 (문자·어휘·문법) 독해	110분	폭넓은 장면에서 사용되는 일본어를 이해할 수 있다. 【읽기】 • 폭넓은 화제에 대해 쓰여진 신문의 논설, 논평 등 논리적으로 약간 복잡한 문장이나 추상도가 높은 문장 등을 읽고, 문장의 구성이나 내용을 이해할 수 있다. • 다양한 화제의 내용에 깊이 있는 내용을 읽고, 이야기의 흐름이나 상세한 표현 의도를 이해할 수 있다. 【듣기】 • 폭넓은 장면에 있어 자연스러운 속도의 정리된 회화나 뉴스, 강의를 듣고 이야기의 흐름이나 내용, 등장인물의 관계나 내용의 논리구성 등을 상세하게 이해하거나 요지를 파악할 수 있다.
	청해	60분	
	계	170분	
N2	언어지식 (문자·어휘·문법) 독해	105분	일상적인 장면에서 사용되는 일본어의 이해에 더해, 보다 폭넓은 장면에서 사용되는 일본어를 어느 정도 이해할 수 있다. 【읽기】 • 폭넓은 화제에 대해 쓰여진 신문이나 잡지의 기사·해설, 평이한 논평 등 요지가 명쾌한 문장을 읽고 문장의 내용을 이해할 수 있다. • 일반적인 화제에 관한 내용을 읽고, 이야기의 흐름이나 표현 의도를 이해할 수 있다. 【듣기】 • 일상적인 장면에 더해 폭넓은 장면에서, 비교적 자연스러운 속도의 정리된 회화나 뉴스를 듣고 이야기의 흐름이나 내용, 등장인물의 관계를 이해하거나 요지를 파악할 수 있다.
	청해	50분	
	계	155분	
N3	언어지식(문자·어휘)	30분	일상적인 장면에서 사용되는 일본어를 어느 정도 이해할 수 있다. 【읽기】 • 일상적인 화제에 대해 쓰여진 구체적인 내용을 나타내는 문장을 읽고 이해할 수 있다. • 신문의 표제어 등에서 정보의 개요를 캐치할 수 있다. • 일상적인 장면에서 눈으로 보는 범위의 난이도가 약간 높은 문장은 대체표현이 주어지면 요지를 이해할 수 있다. 【듣기】 • 일상적인 장면에서 비교적 자연스러운 속도의 정리된 회화를 듣고 이야기의 구체적인 내용을 등장인물의 관계 등과 맞춰서 거의 이해할 수 있다.
	언어지식(문법)·독해	70분	
	청해	40분	
	계	140분	
N4	언어지식(문자·어휘)	30분	기본적인 일본어를 이해할 수 있다. 【읽기】 • 기본적인 어휘나 한자로 쓰여진, 일상생활 중에서도 우리 주변의 화제의 문장을 읽고 이해할 수 있다. 【듣기】 • 일상적인 장면에서 약간 천천히 이야기하는 대화라면 내용을 거의 이해할 수 있다.
	언어지식(문법)·독해	60분	
	청해	35분	
	계	125분	
N5	언어지식(문자·어휘)	25분	기본적인 일본어를 어느 정도 이해할 수 있다. 【읽기】 • 히라가나나 가타카나, 일상생활에서 사용되는 기본적인 한자로 쓰여진 정형적 어구나 글, 문장을 읽고 이해할 수 있다. 【듣기】 • 교실이나 신변적인 일상생활 중에서도 자주 접하는 장면으로, 천천히 이야기하는 짧은 대화라면 필요한 정보를 캐치할 수 있다.
	언어지식(문법)·독해	50분	
	청해	30분	
	계	105분	

6. 결과 발표 | 합격자에 한해 교부되는 급수별 「일본어 능력 인정서」와 함께 응시자 전원에게 합격·불합격의 결과를 알려주는 통지서, 인정 결과 및 성적에 관한 증명서를 교부한다.

이 책의 구성 및 활용

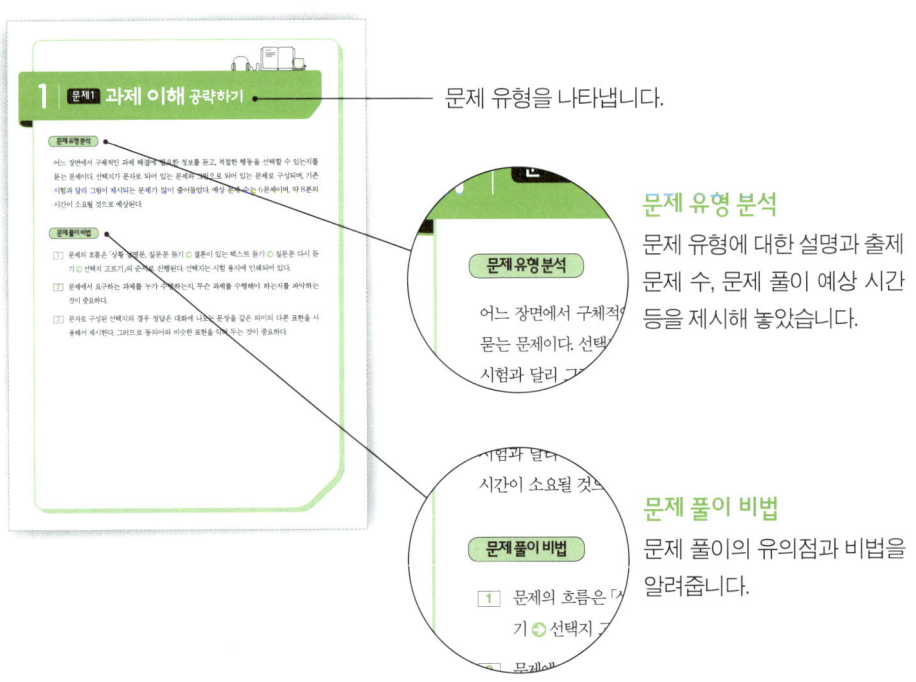

문제 유형을 나타냅니다.

문제 유형 분석
문제 유형에 대한 설명과 출제 문제 수, 문제 풀이 예상 시간 등을 제시해 놓았습니다.

문제 풀이 비법
문제 풀이의 유의점과 비법을 알려줍니다.

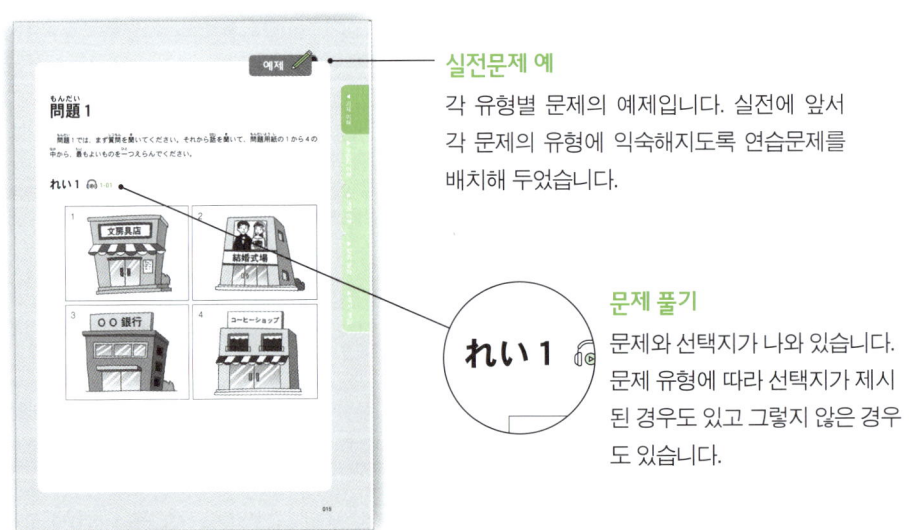

실전문제 예
각 유형별 문제의 예제입니다. 실전에 앞서 각 문제의 유형에 익숙해지도록 연습문제를 배치해 두었습니다.

문제 풀기
문제와 선택지가 나와 있습니다. 문제 유형에 따라 선택지가 제시된 경우도 있고 그렇지 않은 경우도 있습니다.

실전문제

문제 유형별 실전문제입니다. 실전과 같은 자세로 집중하여 문제를 풀어 봅시다.

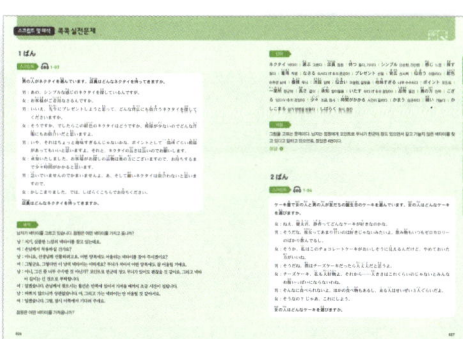

실전문제 스크립트와 해설

스크립트에 대한 해석, 단어, 문제 해설이 정리되어 있습니다. 해당 TRACK 번호로 간편하게 음성 파일을 찾아서 들을 수 있습니다.

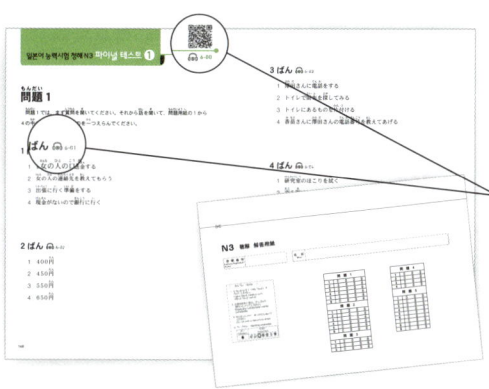

파이널 테스트 및 해답용지

청해 파이널 테스트 3회분이 실려 있습니다. MP3 파일은 시험과 동일한 시간으로 구성되어 있으며, 시험에 사용되는 해답용지도 함께 제공됩니다. MP3 파일은 파이널 테스트 회차당 전체 파일과 문제당 개별 파일 두 가지 버전으로 제공되며, 곰플레이어 등 재생플레이어로 자신에 맞게 속도를 조절해 가며 듣기 연습해 보세요.

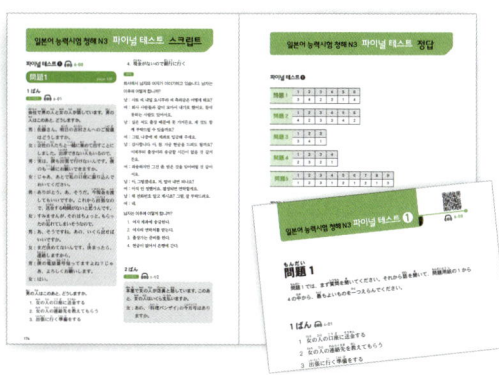

파이널 테스트 스크립트 및 정답

청해 파이널 테스트의 스크립트와 해석, 정답이 실려 있습니다. 파이널 테스트 문제 상단의 QR코드를 통해서도 바로 확인할 수 있습니다.

차례

머리말 003
JLPT 일본어 능력시험에 대하여 004
이 책의 구성 및 활용 006

Part 1 N3 청해 문제 유형 분석하기

N3 청해 문제 유형 분석 010

Part 2 N3 청해 문제 유형별 공략하기

1. 문제1 **과제 이해** 공략하기 014
2. 문제2 **포인트 이해** 공략하기 042
3. 문제3 **개요 이해** 공략하기 064
4. 문제4 **발화 표현** 공략하기 082
5. 문제5 **즉시 응답** 공략하기 104

Part 3 N3 청해 실전 공략하기

1. 파이널 테스트 140
2. 파이널 테스트 스크립트 176
3. 파이널 테스트 정답 219
4. 해답용지 221

Part 1

N3 청해
문제 유형 분석하기

N3 청해 문제 유형 분석

점수를 UP시키는 N3 청해

일본어 능력시험 N3 청해의 문제 유형은 총 다섯 가지이며, 기존 시험보다 시험에서 차지하는 청해의 비중이 늘었다. 시험 시간은 40분이고 배점은 60점 만점이다. N3은 기존의 2급과 3급 사이의 수준으로 3급 수준의 어휘가 어느 정도 파악이 되어 있어야 한다. 시험의 내용은 폭넓은 장면에서 사용되는 일본어를 이해할 수 있는지를 묻는다. 폭넓은 장면에서 자연스러운 속도의 결론이 있는 회화나 뉴스, 강의를 듣고 이야기의 흐름이나 내용, 등장인물의 관계나 내용의 논리 구성 등을 상세하게 이해하거나 요지를 파악할 수 있어야 한다.

문제 유형

1. 問題 1 (과제 이해)

❶ 예상 문제 수는 6문제이며, 약 10분의 시간이 소요될 것으로 예상합니다.

❷ 과제 이해 유형은 어느 장면에서 구체적인 과제 해결에 필요한 정보를 듣고, 적절한 행동을 선택할 수 있는지를 묻는 문제입니다. 지시나 조언을 하고 있는 회화를 듣고, 그것을 받아들인 다음의 행동으로서 어울리는 것을 고릅니다. 선택지는 문자나 그림으로 제시되며, 그림은 될 수 있는 한 실제 장면에서 볼 수 있는 형태로 나타내며, 현실의 커뮤니케이션 장면에 가까운 형태입니다. 과제를 명확하게 하기 위해서 문제의 텍스트를 듣기 전에 상황 설명과 질문이 음성으로 제시됩니다.

문제의 흐름
1. 상황 설명문과 질문문을 듣는다.
2. 결론이 있는 텍스트를 듣는다.
3. 질문문을 다시 듣는다.
4. 선택지에서 정답을 고른다.(선택지는 인쇄되어 있음.)

2. 問題 2 (포인트 이해)

❶ 예상 문제 수는 6문제이며, 약 13분의 시간이 소요될 것으로 예상합니다.

❷ 포인트 이해 유형은 내용의 포인트를 좁혀서 들을 수 있는가를 묻는 문제입니다. 현실의 커뮤니케이션에서 듣는 사람은 말하는 사람의 발화(發話)에서 듣는 사람 자신이 알고 싶은 것과 흥미가 있는 것을 들으려고 합니다. 시험에서는 수험자가 어떤 부분에 중점을 두고 들어야 하는지를 미리 의식할 수 있도록 문제의 텍스트를 듣기 전에 상황 설명과 질문을 음성으로 나타내고, 또 문제 책자에 인쇄되어 있는 선택지를 읽는 시간이 주어집니다. N1, N2, N3 레벨에서는 화자의 심정이나 사건의 이유 등을 이해할 수 있는가, N4, N5 레벨에서는 일정, 장소 등의 구체적인 정보를 이해할 수 있는가를 주로 묻습니다.

> **문제의 흐름**
> 1. 상황 설명문과 질문문을 듣는다.
> 2. 포즈(포즈 사이에 선택지를 읽는다.)
> 3. 결론이 있는 텍스트를 듣는다.
> 4. 질문문을 다시 듣는다.
> 5. 선택지에서 정답을 고른다. (선택지는 인쇄되어 있음.)

3. 問題 3 (개요 이해)

❶ 예상 문제 수는 3문제이며, 약 7분의 시간이 소요될 것으로 예상합니다.

❷ 개요 이해 유형은 텍스트 전체에서 화자의 의도나 주장 등을 이해할 수 있는가를 묻는 문제입니다. 일부 단어나 발화(發話)를 이해할 수 있을 뿐 아니라 발화 전체의 메시지가 무엇인지를 이해하는 것은 현실 장면에서도 요구되는 듣기 방법입니다. 이와 같은 문제는 발화의 일부 이해를 묻는 문제와 비교해서 보다 고도의 능력을 요구합니다. 전체를 이해하는 듣기 방법을 묻는 문제이므로 질문과 선택지는 사전에 제시되지 않습니다.

> **문제의 흐름**
> 1. 상황 설명문을 듣는다.
> 2. 결론이 있는 텍스트를 듣는다.
> 3. 질문문을 듣는다.
> 4. 음성 선택지를 듣고 정답을 고른다. (선택지는 음성으로만 들려줌.)

4. 問題 4 (발화 표현)

❶ 예상 문제 수는 4문제이며, 약 4분의 시간이 소요될 것으로 예상합니다.

❷ 발화 표현은 삽화를 보면서 상황 설명문을 듣고 적절한 발화(發話)를 선택할 수 있는지를 묻는 문제입니다. 삽화의 상황에 어울리는 발화를 하고 있는지를 즉각적으로 판단할 수 있는지를 묻는 문제이므로, 그림을 통해서 누가 화자인지를 파악해야 합니다.

> **문제의 흐름**
> 1. 그림을 보면서 상황 설명문과 질문문을 듣는다.
> 2. 음성 선택지를 듣고 정답을 고른다. (선택지는 음성으로만 들려줌.)

5. 問題 5 (즉시 응답)

❶ 예상 문제 수는 9문제이며, 약 6분의 시간이 소요될 것으로 예상합니다.

❷ 즉시 응답은 상대방의 발화(發話)에 대해 어떤 응답을 하는 것이 어울리는지 즉시 판단할 수 있는가를 묻는 문제로 모든 레벨에서 출제됩니다. 짧은 발화이며, 그것에 대한 응답(선택지)은 음성으로 제시됩니다.

> **문제의 흐름**
> 1. 짧은 문장을 듣는다.
> 2. 음성 선택지를 듣고 정답을 고른다. (선택지는 음성으로만 들려줌.)
>   ※ 1과 2는 일대일 대화입니다.

점수를 UP시키는
N3 청해

Part 2

N3 청해 문제 유형별 공략하기

1. 문제1 과제 이해 공략하기
2. 문제2 포인트 이해 공략하기
3. 문제3 개요 이해 공략하기
4. 문제4 발화 표현 공략하기
5. 문제5 즉시 응답 공략하기

1 | 문제1 과제 이해 공략하기

문제 유형 분석

어느 장면에서 구체적인 과제 해결에 필요한 정보를 듣고, 적절한 행동을 선택할 수 있는지를 묻는 문제이다. 선택지가 문자로 되어 있는 문제와 그림으로 되어 있는 문제로 구성되며, 기존 시험과 달리 그림이 제시되는 문제가 많이 줄어들었다. 예상 문제 수는 6문제이며, 약 10분의 시간이 소요될 것으로 예상된다.

문제풀이 비법

1. 문제의 흐름은 「상황 설명문, 질문문 듣기 ● 결론이 있는 텍스트 듣기 ● 질문문 다시 듣기 ● 선택지 고르기」의 순서로 진행된다. 선택지는 시험 용지에 인쇄되어 있다.

2. 문제에서 요구하는 과제를 누가 수행하는지, 무슨 과제를 수행해야 하는지를 파악하는 것이 중요하다.

3. 문자로 구성된 선택지의 경우 정답은 대화에 나오는 문장을 같은 의미의 다른 표현을 사용해서 제시한다. 그러므로 동의어와 비슷한 표현을 익혀 두는 것이 중요하다.

問題 1

問題 1 では、まず質問を聞いてください。それから話を聞いて、問題用紙の 1 から 4 の中から、最もよいものを一つえらんでください。

れい 1 🎧 1-01

れい 2 🎧 1-02

1　お肉屋さんへ行ってからスーパーに行く
2　スーパーに行ってから八百屋へ行く
3　スーパーに行く
4　散歩に行ってからスーパーに行く

스크립트 및 해석 예제

れい 1

스크립트 🎧 1-01

男の人と女の人が携帯電話で話しています。電話を切った後、男の人はまずどこへ行かなければなりませんか。

女：もしもし、健一君？私桃子。今バスの中なんだけど、道が混んでてとても時間内にいけそうにないわ。

男：なんだよ。もう少し早く出ればよかったのに。今日土曜日だから道が混むかもしれないって言ったじゃないか。

女：本当にごめんなさい。それでね、悪いけど、恵子の結婚式は先に行ってくれる？

男：わかったよ。でもあんまり遅れるなよ。

女：はいはい。あ、そうだ。式場に入る前に冴子たちにお祝いを渡すの忘れないでね。一緒の封筒に入れて出そうってことになってるから。

男：あ、しまった。お金下ろすの忘れてた。

女：なによ、もう。式に遅れないように急いでね。

電話を切った後、男の人はまずどこへ行かなければなりませんか。

해석

남자와 여자가 휴대전화로 이야기하고 있습니다. 전화를 끊은 뒤, 남자는 우선 어디에 가지 않으면 안 됩니까?

여 : 여보세요, 겐이치 군? 나 모모코야. 지금 버스 안인데, 길이 막혀서 도저히 시간 안에 못 갈 것 같아.

남 : 뭐야. 좀 더 일찍 나오지 그랬어. 오늘은 토요일이니까 길이 막힐지도 모른다고 했잖아.

여 : 정말 미안해. 그래서 말인데, 미안하지만 게이코 결혼식에는 먼저 가 줄래?

남 : 알았어. 그래도 너무 늦지 마.

여 : 네네. 아, 맞다. 식장에 들어가기 전에 사에코 무리에게 축의금 건네는 것 잊지 마. 같은 봉투에 넣어서 내기로 되어 있으니까.

남 : 아, 큰일났다. 돈 찾는 것 잊고 있었어.

여 : 뭐야, 정말. 결혼식에 늦지 않게 서둘러.

전화를 끊은 뒤, 남자는 우선 어디에 가지 않으면 안 됩니까?

정답 ❸

스크립트 및 해석 **예제**

れい 2

스크립트 🎧 1-02

男の人と女の人が話しています。男の人はこれからどこへ行きますか。

女：明日賢治の学校で運動会があるの。賢治がね、クラス代表で500mリレーに出るらしいのよ。
男：さすがだな。僕に似て運動神経がいいんだよ。
女：はいはい。それでね、今日の夕食はスタミナをつけるために、お肉料理にしようと思ってるの。だから、散歩の帰りに近くのお肉屋さんで豚肉でも買ってきてくれる？
男：豚肉よりは牛肉の方がいいんじゃないか。新しく出来たスーパーのお肉が新鮮でおいしいらしいぞ。
女：そうね。じゃあ、しゃぶしゃぶでも食べましょうか。野菜も足りないから、ついでに白菜とにんじんでも買ってきてね。
男：わかった。野菜も同じところで買っていいんだよな？
女：もちろんよ。それから……悪いけど、急いでいるから散歩は食事の後でいいかしら？
男：まあ、しょうがないな。じゃあ、行ってくるよ。

男の人はこれからどこへ行きますか。

1. お肉屋さんへ行ってからスーパーに行く
2. スーパーに行ってから八百屋へ行く
3. スーパーに行く
4. 散歩に行ってからスーパーに行く

해석

남자와 여자가 이야기하고 있습니다. 남자는 이제부터 어디에 갑니까?

여 : 내일 겐지 학교에서 운동회가 있어요. 겐지가 반 대표로 500미터 계주에 나가는 모양이에요.
남 : 역시 내 아들이야. 나를 닮아서 운동 신경이 좋은 거야.
여 : 네네. 그래서 말야, 오늘 저녁은 체력을 기르기 위해서 고기 요리로 하려고 생각하고 있어요. 그러니까 산책하고 돌아오는 길에 근처 고깃집에서 돼지고기라도 사 올래요?
남 : 돼지고기보다는 소고기가 낫지 않아? 새로 생긴 슈퍼의 고기가 신선하고 맛있는 것 같던데.
여 : 그렇네요. 그럼, 샤브샤브라도 먹을까요? 채소도 모자라니까 간 김에 배추와 당근이라도 사 와요.
남 : 알았어. 채소도 같은 곳에서 사도 되지?
여 : 물론이에요. 그리고… 미안하지만 서둘러야 하니까 산책은 식사 후에 했으면 좋겠는데.
남 : 뭐 할 수 없지. 그럼, 다녀올게.

남자는 이제부터 어디에 갑니까?

1. 고깃집에 갔다가 슈퍼에 간다.
2. 슈퍼에 갔다가 채소 가게에 간다.
3. 슈퍼에 간다.
4. 산책을 하고 나서 슈퍼에 간다.

정답 ❸

問題 1

問題1では、まず質問を聞いてください。それから話を聞いて、問題用紙の1から4の中から、最もよいものを一つえらんでください。

1ばん 🎧 1-03

2 ばん 🎧 1-04

1

2

3

4

3ばん 🎧 1-05

1 前田さんに電話してみる
2 リストの人たちに連絡してみる
3 参加者に話しかけてみる
4 メールをチェックしてみる

4ばん 🎧 1-06

1 電気会社へ電話をして人を呼ぶ
2 電話で救急車を呼ぶ
3 クーラーのスイッチを切る
4 電話で消防車を呼ぶ

5ばん 🎧 1-07

1　バス停に女の人を迎えに行く
2　天気予報をチェックしてみる
3　女の人からの電話を待つ
4　女の人に電話をする

6ばん 🎧 1-08

1　車のトランクから荷物を降ろす
2　女の人の家に車で迎えに行く
3　女の人を迎えにスーパーに行く
4　お昼の約束をキャンセルする

7ばん 🎧 1-09

1 テーブルに食器を並べる
2 お客さんの注文をとる
3 ユニフォームをチェックしてもらう
4 レストランのメニューを覚える

8ばん 🎧 1-10

1 イベント担当にメールで参加を申し込む
2 イベント担当に電話して参加を申し込む
3 子供に電話して何の体験がしたいか聞く
4 職場体験のホームページで会員登録する

9ばん 🎧 1-11

1　4時
2　4時30分
3　5時
4　5時30分

| 스크립트 및 해석 | **콕콕 실전문제**

1ばん

스크립트 🎧 1-03

男の人がネクタイを選んでいます。店員はどんなネクタイを持ってきますか。

男：あの、シンプルな感じのネクタイを探しているんですが。

女：お客様がご着用なさるんですか。

男：いいえ、先生にプレゼントしようと思って。どんな背広にも似合うネクタイを探してくださいますか。

女：そうですか。でしたらこの紺色のネクタイはどうですか。模様が少ないのでどんな洋服にもお似合いだと思いますよ。

男：いや、それはちょっと地味すぎるんじゃないかな。ポイントとして一箇所ぐらい模様があってもいいと思いますよ。それと、ネクタイの長さは長いのでお願いします。

女：承知いたしました。お客様がお探しの品物は奥の方にございますので、お持ちするまで少々時間がかかると思います。

男：急いでいませんのでかまいませんよ。あ、そして細いネクタイは似合わないと思いますので。

女：かしこまりました。では、しばらくこちらでお待ちください。

店員はどんなネクタイを持ってきますか。

해석

남자가 넥타이를 고르고 있습니다. 점원은 어떤 넥타이를 가지고 옵니까?

남：저기, 심플한 느낌의 넥타이를 찾고 있는데요.

여：손님께서 착용하실 건가요?

남：아니요, 선생님께 선물하려고요. 어떤 양복에도 어울리는 넥타이를 찾아 주시겠어요?

여：그렇군요. 그렇다면 이 남색 넥타이는 어떠세요? 무늬가 적어서 어떤 양복에도 잘 어울릴 거예요.

남：아니, 그건 좀 너무 수수한 것 아닌가? 포인트로 한군데 정도 무늬가 있어도 괜찮을 것 같아요. 그리고 넥타이 길이는 긴 것으로 부탁합니다.

여：알겠습니다. 손님께서 찾으시는 물건은 안쪽에 있어서 가져올 때까지 조금 시간이 걸립니다.

남：바쁘지 않으니까 상관없습니다. 아, 그리고 가는 넥타이는 안 어울릴 것 같아서요.

여：알겠습니다. 그럼, 잠시 이쪽에서 기다려 주세요.

점원은 어떤 넥타이를 가져옵니까?

단어

ネクタイ 넥타이	選ぶ 고르다	店員 점원	持つ 들다, 가지다	シンプル 단순함, 간단함	感じ 느낌	探す 찾다

着用 착용 | なさる 하시다(する의 존경어) | プレゼント 선물 | 背広 신사복 | 似合う 어울리다 | 紺色 감색, 어두운 남색 | 模様 무늬 | 洋服 양복 | 似合い 어울림, 걸맞음 | 地味すぎる 너무 수수하다 | ポイント 포인트 | 一箇所 한군데 | 長さ 길이 | 承知 알아들음 | いたす 하다(する의 겸양어) | 品物 물건 | 奥の方 안쪽 | ござる 있다(いる의 겸양어) | 少々 조금, 잠시 | 時間がかかる 시간이 걸리다 | かまう 상관하다 | 細い 가늘다 | かしこまる 삼가 명령을 받들다 | しばらく 잠시, 잠깐

해설

그림을 고르는 문제이다. 남자는 점원에게 포인트로 무늬가 한군데 정도 있으면서 길고 가늘지 않은 넥타이를 찾고 있다고 말하고 있으므로, 정답은 4번이다.

정답 ❹

2ばん

스크립트 🎧 1-04

ケーキ屋で女の人と男の人が友だちの誕生日のケーキを選んでいます。女の人はどんなケーキを選びますか。

女：ねえ、健太君。静香ってどんなケーキが好きなのかな。

男：そうだな。彼女ってあまり甘いの好きじゃないみたいよ。飲み物もいつもゼロカロリーのばかり飲んでるし。

女：そうか。私はこのチョコレートケーキがおいしそうに見えるんだけど。やめておいた方がいいね。

男：そうだね。僕はチーズケーキだったら大丈夫だと思うよ。

女：チーズケーキ、私も大好物よ。それから……大きさはこれくらいのじゃないとみんなお腹いっぱいにならないわね。

男：そんなに食べられないよ。ほかの食べ物もあるし、来る人はせいぜい3人ぐらいだよ。

女：そうなの？じゃあ、これにしよう。

女の人はどんなケーキを選びますか。

스크립트 및 해석 | 콕콕 실전문제

해석

케이크 가게에서 여자와 남자가 친구의 생일 케이크를 고르고 있습니다. 여자는 어떤 케이크를 고릅니까?

여 : 있잖아. 겐타 군. 시즈카는 어떤 케이크를 좋아할까?
남 : 글쎄. 그녀는 단것은 별로 안 좋아하는 것 같아. 음료도 언제나 제로 칼로리만 마시고.
여 : 그렇구나. 나는 이 초콜릿 케이크가 맛있어 보이는데. 그만두는 편이 좋겠네.
남 : 그래. 나는 치즈 케이크라면 괜찮을 것 같아.
여 : 치즈 케이크, 나도 굉장히 좋아하는 거야. 그리고… 크기는 이 정도가 아니면 모두가 배불리 못 먹겠다.
남 : 그렇게 먹지 못해. 다른 음식도 있고, 오는 사람은 기껏해야 3명 정도야.
여 : 그래? 그럼, 이걸로 하자.

여자는 어떤 케이크를 고릅니까?

단어

ケーキ屋 케이크 가게 | 誕生日 생일 | 甘い 달다 | 飲み物 음료 | ゼロカロリー 제로 칼로리 | ばかり ~만 | チョコレートケーキ 초콜릿 케이크 | 見える 보이다 | やめる 그만두다 | ~た方がいい ~하는 편이 좋다 | チーズケーキ 치즈 케이크 | 大丈夫 괜찮음 | 大好物 매우 좋아하는 음식 | お腹いっぱい(だ) 배가 부르다 | せいぜい 기껏해야, 고작

해설

여자는 초콜릿 케이크가 맛있어 보인다고 하지만, 남자는 시즈카가 단것을 별로 좋아하지 않는 것 같다며 치즈 케이크를 살 것을 권하고 있다. 그리고 여자는 여럿이 배불리 먹기 위해 큰 케이크를 고르지만, 남자는 다른 음식도 있고 오는 사람이 고작 3명 정도라고 말하고 있다. 따라서 여자는 작은 케이크를 고를 것이므로 정답은 1번이다.

정답 ❶

3ばん

スクリプト 🎧 1-05

大学のサークルの新入生オリエンテーションで男の学生と女の学生が話しています。男の学生はこのあと、どうしますか。

男 : おかしいなあ。オリエンテーションの参加者が半分も来てないよ。
女 : 今日がオリエンテーションの日だって知らないんじゃないの？ちゃんと連絡取ったの？

男：前田さんからメールで参加者のリストをもらってはいるけど、僕は連絡係じゃないから名前の確認だけしたんだよ。前田さんがリーダーだから、当然彼が連絡したと思ったんだけど。

女：リストをメールで送ったってことは、連絡しろって意味じゃないの？

男：え？そんなことないよ。連絡取ってほしいならちゃんとはっきり言うでしょう。前田さんに電話して確認してみるよ。

女：え？しなくてもいいわよ。それより、リストの人たちに連絡してみたら？近くにいたら来るかもしれないからね。

男：わかった。でも、ほら、参加している人たちもいるよね。彼らはどうやって来たんだろう。

女：連絡する前に、行って聞いてみたら？オリエンテーションがあるの誰に教えてもらったのか。

男：うん、そうする。

男の学生はこのあと、どうしますか。

1. 前田さんに電話してみる
2. リストの人たちに連絡してみる
3. 参加者に話しかけてみる
4. メールをチェックしてみる

해석

대학교 동아리 신입생 오리엔테이션에서 남학생과 여학생이 이야기하고 있습니다. 남학생은 이후에 어떻게 합니까?

남 : 이상하네. 오리엔테이션 참가자가 반이나 안 왔어.

여 : 오늘이 오리엔테이션 날인 거 모르는 것 아냐? 제대로 연락했어?

남 : 마에다 씨한테 메일로 참가자 명단을 받아는 놨는데, 나는 연락 담당이 아니라서 이름 확인만 했어. 마에다 씨가 리더니까 당연히 그가 연락했을 거라고 생각했는데.

여 : 명단을 메일로 보냈다는 것은 연락하라는 뜻 아냐?

남 : 뭐? 그럴 리 없어. 연락하기 바랬으면 제대로 확실히 얘기했겠지. 마에다 씨한테 전화해서 확인해 볼게.

여 : 뭐? 안 해도 돼. 그것보다 명단에 있는 사람들한테 연락해 보는 게 어때? 근처에 있으면 올지도 모르니까.

남 : 알았어. 하지만, 봐 봐. 참가한 사람들도 있잖아. 그들은 어떻게 온 걸까?

여 : 연락하기 전에 가서 물어보는 게 어때? 오리엔테이션이 있는 걸 누가 가르쳐 줬는지.

남 : 응. 그렇게.

스크립트 및 해석 | 콕콕 실전문제

남학생은 이후에 어떻게 합니까?
1. 마에다 씨한테 전화해 본다.
2. 명단에 있는 사람들한테 연락해 본다.
3. 참가자에게 말을 걸어 본다.
4. 메일을 확인해 본다.

단어

サークル 서클, 동아리 | 新入生 신입생 | おかしい 이상하다 | 参加者 참가자 | 半分 반 | 知る 알다 | 連絡 연락 | 取る 취하다 | 連絡係 연락 담당 | 確認 확인 | リーダー 리더 | 送る 보내다 | 意味 의미 | ちゃんと 확실히, 제대로 | はっきり 분명히 | 言う 말하다 | 電話する 전화하다 | 近く 근처 | どうやって 어떻게 | 聞く 묻다, 듣다 | 教える 가르치다 | 話しかける 말을 걸다

해설

대학교 동아리 오리엔테이션에 참가자가 반도 오지 않은 이유에 대해서 남자와 여자가 의아해하고 있다. 남자가 리더인 마에다 씨한테 전화해 보겠다고 하자 여자는 그럴 필요 없다고 말하며, 차라리 명단에 있는 사람들에게 지금이라도 연락을 해 보라고 한다. 그리고 연락하기 전에 이미 참가한 사람들에게 어떻게 알고 오게 된 것인지 물어 보라고 남자에게 조언을 하자 남자는 그러겠다고 답한다. 따라서 남자가 이후에 할 일은 3번이다.

정답 ③

4ばん

스크립트  1-06

男の人と女の人が話しています。女の人はこれからどうしますか。

女：大変！トースターから煙が出てるわ。コード抜いて、早く。
男：抜いたよ。おかしいな。まだ出てるぞ。
女：トースターからじゃないのかも。どうしよう、火事にでもなったら。
男：じゃあ、少し不便かもしれないけど、ブレーカーのスイッチを切っておくよ。
女：えー？それだと停電になっちゃって真っ暗になるじゃないの。クーラーも使えなくて暑くなるわよ。
男：今それどころじゃないだろう？ほら、みろ。煙がもっと出てきたぞ。

女：本当。じゃあ、切ってちょうだい。私は119番に電話するから。
男：わかった。じゃあ、ブレーカーのスイッチを切るぞ。

女の人はこれからどうしますか。
1. 電気会社へ電話をして人を呼ぶ
2. 電話で救急車を呼ぶ
3. クーラーのスイッチを切る
4. 電話で消防車を呼ぶ

해석

남자와 여자가 이야기하고 있습니다. 여자는 지금부터 어떻게 합니까?

여 : 큰일났어! 토스터에서 연기가 나고 있어. 코드 뽑아, 빨리.
남 : 뺐어. 이상하네. 아직도 나고 있어.
여 : 토스터에서 나는 게 아닐지도 몰라. 어떡하지? 불이라도 나면.
남 : 그럼, 조금 불편할지 모르겠지만, 차단기 스위치를 내려 둘게.
여 : 뭐? 그러면 정전이 돼서 캄캄해지잖아. 쿨러도 쓸 수 없고 더워질 거야.
남 : 지금 그게 문제가 아니잖아. 자, 봐. 연기가 더 나고 있어.
여 : 정말. 그럼 내려 줘. 나는 119에 전화할 테니까.
남 : 알았어. 그럼, 차단기 스위치를 내릴게.

여자는 지금부터 어떻게 합니까?
1. 전기회사에 전화를 해서 사람을 부른다.
2. 전화로 구급차를 부른다.
3. 쿨러 스위치를 내린다.
4. 전화로 소방차를 부른다.

단어

トースター 토스터 | 煙が出る 연기가 나다 | コード 코드 | 抜く 뽑다, 빼다 | おかしい 이상하다 | ～かもしれない ～일지도 모른다 | 火事 화재, 불 | 不便 불편함 | ブレーカー 브레이커, 전류 차단기 | スイッチを切る 스위치를 내리다, 스위치를 끄다 | 停電 정전 | 真っ暗 아주 캄캄함 | クーラー 쿨러, 냉방 장치 | ～てちょうだい ～해 주세요 | 救急車 구급차 | 消防車 소방차

스크립트 및 해석 | 콕콕 실전문제

> 해설

연기가 나는 원인을 찾지 못하자 남자는 차단기를 내리겠다고 말하고 있고, 여자는 119번, 즉 소방서에 전화를 걸겠다고 한다. 따라서 정답은 4번이다.

정답 ④

5ばん

> スクリプト 1-07

留守番電話のメッセージを聞いています。メッセージを聞いた人はこのあとどうしますか。

女：もしもし、高木君。私、真由なんだけど。後10分で着くと思うんだけど、バスから降りたら高木君の家までどれくらいかかるのかしら？窓から見ると今すごい雨が降っているんだけど、私傘持って来てないのよ。すぐに止みそうもないし、バス停が家からそんなに遠くないんだったら、悪いけど迎えに来てもらえるかな。持ってきた本も雨に濡れて台無しになるといけないし。とにかくこのメッセージを聞いたら電話ちょうだい。電話くれるまでバス停で待ってるから。じゃ、後でね。

メッセージを聞いた人はこのあとどうしますか。

1. バス停に女の人を迎えに行く
2. 天気予報をチェックしてみる
3. 女の人からの電話を待つ
4. 女の人に電話をする

> 해석

자동응답전화의 메시지를 듣고 있습니다. 메시지를 들은 사람은 이후에 어떻게 합니까?

여 : 여보세요, 다카기 군. 나 마유인데. 앞으로 10분 후면 도착할 것 같은데, 버스에서 내리면 다카기 군 집까지 얼마나 걸릴까? 창문으로 보니 지금 엄청난 비가 내리고 있는데, 나 우산을 안 가지고 왔어. 금방 그칠 것 같지도 않고, 버스 정류장이 집에서 그렇게 멀지 않으면, 미안하지만 데리러 와 줄 수 있을까? 가져온 책도 비에 젖어서 엉망이 되면 안 되고. 어쨌든 이 메시지를 들으면 전화 줘. 전화 줄 때까지 버스 정류장에서 기다릴 테니까. 그럼, 있다 봐.

메시지를 들은 사람은 이후에 어떻게 합니까?

1. 버스 정류장에 여자를 데리러 간다.
2. 일기예보를 체크해 본다.
3. 여자로부터의 전화를 기다린다.
4. 여자에게 전화한다.

단어

留守番電話 자동응답전화 | メッセージ 메시지 | 後 앞으로, 나중에 | 着く 도착하다 | かかる (시간 등이) 걸리다 | 傘 우산 | 止む 그치다 | 〜そうもない 〜일 것 같지도 않다 | バス停 버스 정류장 | 迎える 마중하다 | 濡れる 젖다 | 台無し 쓸모없는 모양, 엉망이 된 모양 | とにかく 어쨌든, 여하튼 | 〜ちょうだい 〜해 주세요 | 天気予報 일기예보 | チェックする 체크하다

해설

자동응답전화의 메시지를 듣고 답하는 문제이다. 여자는 10분 후면 도착하는데, 우산을 가지고 오지 않았다는 자신의 상황을 말하면서 마중 나올 수 있는지 묻고 있다. 그러면서 남자가 메시지를 듣고 전화를 줄 때까지 버스 정류장에서 기다리겠다고 말하고 있다. 따라서 남자는 여자를 데리러 나가기 전에 먼저 전화를 걸어야 한다. 그러므로 정답은 4번이다.

정답 ④

6ばん

スクリプト 🎧 1-08

男の人と女の人が携帯電話で話しています。男の人はこれから何をしますか。

男: 明日の引っ越しパーティーの準備、大丈夫？何か手伝おうか。
女: そうね。これからスーパーに買物に行くんだけど、荷物を運ぶの手伝ってくれる？
男: うん。じゃあ、車で行かないといけないね。家まで迎えに行こうか。
女: ううん。ジムで運動してそのまま買い物に行くから、11時にスーパーで待ち合わせしましょう。
男: わかった。11時だね。車のトランクから荷物を出しとかないといけないな。
女: それと、手伝ってくれるお礼に、お昼は私がおごるから。

스크립트 및 해석 　콕콕 실전문제

男：本当？それはうれしいけど、約束があるんだ。
女：そう？じゃあ、出発する前に、連絡ちょうだい。
男：わかった。

男の人はこれから何をしますか。

1. 車のトランクから荷物を降ろす
2. 女の人の家に車で迎えに行く
3. 女の人を迎えにスーパーに行く
4. お昼の約束をキャンセルする

해석

남자와 여자가 휴대전화로 이야기하고 있습니다. 남자는 이제부터 무엇을 합니까?

남 : 내일 집들이 준비는 괜찮아? 뭐 도와줄까?
여 : 글쎄. 이제부터 슈퍼에 장 보러 갈 건데, 짐 나르는 거 도와줄래?
남 : 응. 그럼, 차로 가야겠네. 집까지 데리러 갈까?
여 : 아냐. 헬스장에서 운동하고 그대로 장 보러 갈 거니까 11시에 슈퍼에서 만나자.
남 : 알았어. 11시지? 차 트렁크에서 짐을 꺼내 놔야겠다.
여 : 그리고 도와주는 보답으로 점심은 내가 살 테니까.
남 : 정말? 그건 기쁘지만, 약속이 있어.
여 : 그래? 그럼, 출발하기 전에 연락 줘.
남 : 알았어.

남자는 이제부터 무엇을 합니까?

1. 차 트렁크에서 짐을 꺼낸다.
2. 여자 집에 차로 데리러 간다.
3. 여자를 데리러 슈퍼에 간다.
4. 점심 약속을 취소한다.

단어

携帯電話 휴대전화 | 話す 이야기하다 | 引っ越し 이사 | パーティー 파티 | 準備 준비 | 大丈夫 괜찮음 | 手伝う 돕다 | 買い物 쇼핑 | 荷物 짐 | 運ぶ 운반하다 | 迎える 맞이하다 | ううん 아니 | ジム 체육관 | 運動する 운동하다 | そのまま 그대로 | 待ち合わせ 약속하여 만나기로 함 | 出す 내다, 꺼내다 | お礼 사례 | お昼 점심식사 | おごる 한턱내다 | うれしい 기쁘다 | 約束 약속 | 出発する 출발하다 | ~ちょうだい ~해 주세요 | 降ろ

す 내려 놓다 | キャンセルする 취소하다

> **해설**

남자와 여자가 전화로 집들이에 대해서 이야기하고 있다. 남자는 집들이 준비를 도와주기 위해 여자와 다음 날 11시에 슈퍼에서 만나기로 한다. 여자가 짐 나르는 것을 도와 달라고 했으므로 남자는 출발 전에 차 트렁크의 짐을 꺼내 놓아야겠다고 이야기한다. 이에 여자가 보답으로 점심을 사겠다고 하자, 남자는 선약이 있다고 말한다. 따라서 남자가 이제부터 할 일은 1번 차 트렁크에서 짐을 꺼내는 일이다.

정답 ①

7ばん

スクリプト  1-09

アルバイトの店員とお店のオーナーがレストランで話しています。女の人は来週、レストランに来たらまず何をしなければなりませんか。

男: えーと。小林さんは、お客様の注文をとるのは、いつから始めることになってますか。

女: マネージャーに来週からだと聞きました。社員教育もまだ終わっていません。

男: じゃあ、今週は朝来たら、まずテーブルの食器を並べることから始めてください。

女: はい、いつものようにですね。

男: ユニフォームのチェックはちゃんとしてもらっていますよね。お店のイメージにつながりますから。

女: もちろんです。仕事を始める前に、いつもマネージャーにチェックしてもらっています。

男: それは、欠かさずしてもらわなければなりませんよ。レストランのメニューは全部覚えましたか。来週から忙しくなると思うから、なるべく今週中に覚えておいてください。

女: はい、かしこまりました。

女の人は来週、レストランに来たらまず何をしなければなりませんか。

1. テーブルに食器を並べる
2. お客さんの注文をとる

스크립트 및 해석 | 콕콕 실전문제

3. ユニフォームをチェックしてもらう
4. レストランのメニューを覚える

해석

아르바이트 점원과 가게 주인이 레스토랑에서 이야기하고 있습니다. 여자는 다음 주에 레스토랑에 오면 우선 무엇을 하지 않으면 안 됩니까?

남 : 음. 고바야시 씨는 손님 주문을 받는 것은 언제부터 시작하기로 되어 있나요?
여 : 매니저님한테 다음 주부터라고 들었습니다. 사원 교육도 아직 안 끝났어요.
남 : 그럼 이번 주는 아침에 오면, 우선 테이블 식기를 놓는 일부터 시작해 주십시오.
여 : 네, 평소대로 말이죠.
남 : 유니폼 체크는 잘 받고 있지요? 가게 이미지에 연결되거든요.
여 : 물론입니다. 일을 시작하기 전에 늘 매니저님께 체크받고 있습니다.
남 : 그건 빼놓지 말고 받아야 합니다. 레스토랑 메뉴는 전부 외웠나요? 다음 주부터 바빠질 테니까 되도록 이번 주 중에 외워 두세요.
여 : 네, 알겠습니다.

여자는 다음 주에 레스토랑에 오면 우선 무엇을 하지 않으면 안 됩니까?

1. 테이블에 식기를 놓는다.
2. 손님의 주문을 받는다.
3. 유니폼을 체크받는다.
4. 레스토랑 메뉴를 외운다.

단어

店員 점원 | お店 가게 | 来週 다음 주 | お客様 손님 | 注文 주문 | 始める 시작하다 | 聞く 듣다 | 社員 사원 | 教育 교육 | 終わる 끝나다 | 今週 이번 주 | 食器 식기 | 並べる 늘어놓다 | つながる 이어지다, 연결되다 | 仕事 일 | 欠く 빠뜨리다 | 全部 전부 | 覚える 기억하다 | 忙しい 바쁘다 | なるべく 되도록 | かしこまる 송구해하다

해설

레스토랑 사장과 아르바이트 점원이 이야기하고 있다. 점원은 아직 사원 교육도 안 끝난 상태이기 때문에, 사장은 이번 주는 테이블 식기를 배열하는 것부터 일을 시작하라고 말한다. 하지만 일을 시작하기 전에 언제나 매니저에게 유니폼 체크를 우선적으로 받아야 하므로 점원이 이번 주든 다음 주든 레스토랑에 오면 제일 먼저 해야 할 일은 3번이다.

정답 ❸

8ばん

> 스크립트  1-10

会社で男の人と女の人が話しています。男の人はこのあと、何をしなければなりませんか。

男：島田さんは、会社でやってくれる子供の日の家族イベントに参加しますか。
女：はい。うちの子はそのイベント、すごく楽しみにしてるんです。竹内さんも申し込みましたか。
男：いえ。まだですが。担当の人に参加するって言っておけばいいんじゃないですか。
女：いいえ。今度のイベントは職場体験なんで、インターネットで申し込まないといけないんです。
男：じゃあ、会社の担当にメールで申し込めばいいんですね。
女：そうじゃなくて。体験するところのホームページにログインして申し込むんです。それと、人気がある体験プログラムは予約して行くと、待たずにすぐできるからいいですよ。
男：あ、でも子供が何の体験がしたいのか知らないんです。
女：人気があるのは、予約が早く終わるから、急がないと。家族全員が会員になってないといけないから、時間かかりますよ。
男：そうですか。じゃ、まずは僕から急いでやらないと。

男の人はこのあと、何をしなければなりませんか。

1. イベント担当にメールで参加を申し込む
2. イベント担当に電話して参加を申し込む
3. 子供に電話して何の体験がしたいか聞く
4. 職場体験のホームページで会員登録する

> 해석

회사에서 남자와 여자가 이야기하고 있습니다. 남자는 이후에 무엇을 하지 않으면 안 됩니까?

남 : 시마다 씨는 회사에서 해 주는 어린이날 가족 이벤트에 참가하세요?
여 : 네. 우리 아이는 그 이벤트를 굉장히 기대하고 있거든요. 다케우치 씨도 신청했어요?
남 : 아뇨. 아직입니다만. 담당자에게 참가하겠다고 말해 두면 되는 거 아니에요?
여 : 아니요. 이번 이벤트는 직업 체험이라서 인터넷으로 신청하지 않으면 안 돼요.
남 : 그럼, 회사 담당자에게 메일로 신청하면 되겠네요.

> **스크립트 및 해석** 콕콕 실전문제

여 : 그게 아니라요. 체험하는 곳 홈페이지에 로그인해서 신청하는 거예요. 그리고 인기가 있는 체험 프로그램은 예약해서 가면 기다리지 않고 바로 할 수 있어서 좋아요.
남 : 아, 하지만 아이가 무슨 체험을 하고 싶은지 모르는데요.
여 : 인기가 있는 것은 예약이 일찍 끝나니까 서둘러야 해요. 가족 전원이 회원이 되어 있지 않으면 안 돼서 시간이 걸려요.
남 : 그래요? 그럼, 우선은 저부터 서둘러야겠네요.

남자는 이후에 무엇을 하지 않으면 안 됩니까?
1. 이벤트 담당자에게 메일로 참가 신청을 한다.
2. 이벤트 담당자에게 전화해서 참가 신청을 한다.
3. 아이에게 전화해서 무슨 체험을 하고 싶은지 물어본다.
4. 직업 체험 홈페이지에서 회원 등록한다.

> **단어**

子供の日 어린이날 | 家族 가족 | 参加する 참가하다 | すごく 굉장히 | 楽しみ 기대함 | 申し込む 신청하다 | 担当 담당 | 今度 이번 | 職場 직장 | 体験 체험 | 人気 인기 | 予約する 예약하다 | 待つ 기다리다 | できる 할 수 있다 | 知る 알다 | 早く 일찍, 빨리 | 終わる 끝나다 | 急ぐ 서두르다 | 全員 전원 | 会員 회원 | かかる (시간 등이) 걸리다 | 登録する 등록하다

> **해설**

남자와 여자가 회사에서 해 주는 가족 이벤트에 대해서 이야기하고 있다. 남자가 이벤트 담당자에게 말로 신청하면 되는 것으로 알고 있자, 여자는 인터넷으로 신청해야 한다고 알려 준다. 그러자 남자는 메일로 신청하면 되는 것으로 이해한다. 이에, 여자가 이번 이벤트는 직업 체험이기 때문에 해당 회사 홈페이지에서 회원가입을 하고 신청해야 하며, 가족 전체가 회원가입을 해야 하므로 시간이 걸리니 서두르라고 조언한다. 그제서야 남자는 자기부터 서두르겠다고 말하고 있으므로 정답은 4번이다.

정답 ❹

9 ばん

> **스크립트** 🎧 1-11

母親と息子が話しています。母親は何時に家を出ますか。

男 : お母さん。学校が終わったら、友達と映画を見に行くことにしてるんだ。

女:そうだったわね。雨がこんなに降ってるのに大丈夫？
男:それで、お願いがあるんだけど、映画館まで乗せてほしいんだ。
女:いいわよ。学校って、たしかいつも4時に終わるのよね。この辺は3時からずっと車が混む時間だから3時30分には家を出ないとね。
男:今日僕が掃除当番だから、30分遅く終わるんだ。それに映画始まるまで、まだ時間の余裕があるし、車が混むのを考えても学校が終わった1時間後に待ち合わせしてもいいと思うよ。
女:そうなの。学校終わってからどうするつもり？
男:学校の近くで友達とご飯でも食べてるよ。じゃあ、お願いね。
女:わかったわ。

母親は何時に家を出ますか。

1. 4時
2. 4時30分
3. 5時
4. 5時30分

> **해석**

엄마와 아들이 이야기하고 있습니다. 엄마는 몇 시에 집을 나섭니까?

남: 엄마. 학교 끝나면 친구들과 영화를 보러 가기로 했어요.
여: 그랬었지. 비가 이렇게 오는데 괜찮겠어?
남: 그래서 부탁이 있는데요. 영화관까지 태워다 줬으면 좋겠어요.
여: 좋아. 학교는 아마 항상 4시에 끝나지? 이 부근은 3시부터 쭉 차가 막히는 시간이니까 3시 30분에는 집을 나서야겠다.
남: 오늘은 내가 청소 당번이라서 30분 늦게 끝나요. 게다가 영화 시작까지 아직 시간 여유가 있고, 차가 막히는 것을 감안해도 학교가 끝난 1시간 후에 만나도 될 것 같아요.
여: 그래? 학교 끝나고 어떻게 할 생각인데?
남: 학교 근처에서 친구들과 밥이라도 먹고 있을게요. 그럼, 부탁해요.
여: 알았어.

엄마는 몇 시에 집을 나섭니까?

1. 4시
2. 4시 30분

스크립트 및 해석 — 콕콕 실전문제

3. 5시
4. 5시 30분

단어

母親(ははおや) 엄마 | 息子(むすこ) 아들 | 出る(でる) 나오다 | 友達(ともだち) 친구 | 映画(えいが) 영화 | 見る(みる) 보다 | 雨(あめ) 비 | 降る(ふる) 내리다 | 大丈夫(だいじょうぶ) 괜찮음 | お願い(おねがい) 부탁 | 映画館(えいがかん) 영화관 | 乗せる(のせる) 태우다 | ～辺(へん) ~부근 | ずっと 쭉, 내내 | 混む(こむ) 붐비다 | 今日(きょう) 오늘 | 掃除(そうじ) 청소 | 当番(とうばん) 당번 | 遅く(おそく) 늦게 | 終わる(おわる) 끝나다 | 始まる(はじまる) 시작하다 | 余裕(よゆう) 여유 | 考える(かんがえる) 생각하다 | 待ち合わせ(まちあわせ) 약속하여 만나기로 함 | 思う(おもう) 생각하다 | つもり 예정

해설

아들은 학교 끝나고 영화를 보러 가는데 비가 오니까 엄마에게 데려다 달라고 한다. 엄마는 학교가 늘 4시에 끝나니 차가 막히는 것을 감안해서 3시 30분에 집에서 출발하겠다고 말한다. 이 부분에서 집에서 학교까지 30분 걸린다는 것을 알 수 있다. 그러자 아들은 오늘은 청소 당번이라 평소보다 30분 늦게 끝나고 영화 시작까지 여유가 있으니 학교가 끝나는 4시 30분에서 1시간 후인 5시 30분에 만나자고 한다. 질문은 엄마가 집에서 출발하는 시간이므로 정답은 3번이다.

정답 ❸

Memo

2 | 문제2 포인트 이해 공략하기

문제 유형 분석

결론이 있는 텍스트를 듣고 내용을 이해할 수 있는지를 묻는다. 사전에 제시된 내용을 근거로 해서 포인트를 좁혀서 듣는 것이 중요하다. 예상 문제 수는 6문제이며, 약 13분의 시간이 소요될 것으로 예상된다.

문제 풀이 비법

1. 문제의 흐름은 「상황 설명문, 질문문 듣기 ➡ 선택지 읽기 ➡ 결론이 있는 텍스트 듣기 ➡ 질문문 다시 듣기 ➡ 선택지 고르기」의 순서로 진행된다. 선택지는 시험 용지에 인쇄되어 있다.

2. 상황 설명과 질문문이 나온 후 선택지를 읽을 수 있는 시간이 있다. 선택지를 꼼꼼히 확인한 후 본문 텍스트를 듣고 포인트를 찾는다.

3. 선택지를 보고 상식에 입각해서 답을 미리 예상할 수 있지만, 텍스트의 내용이 반전되는 경우가 있으므로 끝까지 듣는 것이 중요하다.

問題 2

問題 2 では、まず質問を聞いてください。そのあと、問題用紙を見てください。読む時間があります。それから話を聞いて、問題用紙の 1 から 4 の中から、最もよいものを一つえらんでください。

れい 🎧 2-01

1　1時 30分
2　1時 45分
3　2時 30分
4　2時 45分

스크립트 및 해석 예제

れい

스크립트 🎧 2-01

留守番電話のメッセージを聞いています。本田さんは何時ごろ着くと言っていますか。

男：もしもし、本田です。ただ今空港に到着しました。思ったより入国審査などの手続きが早く終わりそうなので、約束の時間の2時30分より早く着くと思います。荷物も軽いのでリムジンバスで十分行けると思います。バスは12時からは15分おきに出発するそうです。12時のバスには間に合わないと思うので次のバスに乗っていくつもりです。到着地まではバスで1時間30分かかると思います。では、何かあったら連絡しますので。

本田さんは何時ごろ着くと言っていますか。

1. 1時30分
2. 1時45分
3. 2時30分
4. 2時45分

해석

자동응답전화의 메시지를 듣고 있습니다. 혼다 씨는 몇 시쯤 도착할 거라고 말하고 있습니까?

남 : 여보세요, 혼다입니다. 지금 막 공항에 도착했습니다. 생각보다 입국 심사 등의 수속이 빨리 끝날 것 같아서 약속 시간인 2시 30분보다 일찍 도착할 것 같습니다. 짐도 가벼워서 리무진 버스로 충분히 갈 수 있을 것 같습니다. 버스는 12시부터는 15분마다 출발한다고 합니다. 12시 버스는 못 탈 것 같으니 다음 버스를 타고 갈 생각입니다. 도착지까지는 버스로 1시간 30분 걸릴 것 같습니다. 그럼, 무슨 일 있으면 연락하겠습니다.

혼다 씨는 몇 시쯤 도착할 거라고 말하고 있습니까?

1. 1시 30분
2. 1시 45분
3. 2시 30분
4. 2시 45분

정답 ❷

콕콕 실전문제　　　　　　　　　　　　　　　　　　　/ 9

問題2

問題2では、まず質問を聞いてください。そのあと、問題用紙を見てください。読む時間があります。それから話を聞いて、問題用紙の1から4の中から、最もよいものを一つえらんでください。

1ばん 🎧 2-02

1　明日の午後
2　あさっての午後
3　明日の午前
4　あさっての午前

2ばん 🎧 2-03

1　ティーシャツのロゴがおしゃれじゃないから
2　サイズがあまり残ってないから
3　売上金が地震の被災民たちのために使われるから
4　支援金をたくさん集めるため

3ばん 🎧 2-04

1 幼児は入場料が5歳から有料だから
2 幼児は入場料が4歳まで有料だから
3 洋介の誕生日が明日だから
4 幼児の入場料が5歳から無料だから

4ばん 🎧 2-05

1 体の調子がとてもいいから
2 シェフが変わったことを知っていたから
3 味覚が鋭い方だから
4 このレストランによく来るから

5ばん 🎧 2-06

1　インターネットバンキングのやり方がわからないから
2　銀行で家賃を払う方が楽だから
3　銀行で家賃を払わないといけないから
4　大家さんがインターネットバンキングを嫌がるから

6ばん 🎧 2-07

1　ロボット掃除機ではきれいに掃除できないから
2　充電をしなかったので、動かないから
3　時間をかけて掃除したいから
4　運動不足なので、動きたいから

7ばん 🎧 2-08

1 日記、読書感想文
2 日記、読書
3 読書感想文、読書
4 読書、見学報告書

8ばん 🎧 2-09

1 武田さんの仕事を手伝わないといけないから
2 前から武田さんの車に乗りたかったから
3 武田さんが仕事を手伝ってほしいと言ったから
4 武田さんの車でいっしょに帰ることにしたから

9 ばん 🎧 2-10

1　雨が降りそうだから
2　日差しが強いから
3　傘を返さないといけないから
4　日傘代わりに使うから

| 스크립트 및 해석 | **콕콕 실전문제**

1 ばん

스크립트 2-02

男の人と女の人が本について話しています。男の人はいつ本を返しに行きますか。

女：この前貸してあげた歴史の本なんだけど、悪いけど、今日中に返してもらえないかな？

男：えー？まだ読み終わってないんだけど。あさってだったら何とか返せると思うよ。

女：そう？実はその本、あさってまでに図書館に返さないといけないの。あさっては私、用事があるから明日、返しに行こうと思ってるんだけど。

男：心配するな。読み終わったら僕がちゃんと返しに行くよ。

女：そう？じゃあ、ちゃんと忘れずに返すって約束してね。

男：わかったよ。じゃあ、別に明日返さなくてもいいんだね？

女：そうだけど、遅れないでよ。

男：はいはい。お昼食べ終わったら返しに行くよ。

男の人はいつ本を返しに行きますか。

1. 明日の午後
2. あさっての午後
3. 明日の午前
4. あさっての午前

해석

남자와 여자가 책에 대해서 이야기하고 있습니다. 남자는 언제 책을 돌려주러 갑니까?

여：요전에 빌려준 역사책 말인데, 미안하지만 오늘 중으로 돌려 받을 수 없을까?

남：뭐? 아직 다 못 읽었는데. 모레라면 어떻게든 돌려줄 수 있을 거 같아.

여：그래? 실은 그 책, 모레까지 도서관에 반납하지 않으면 안 되거든. 모레는 내가 볼일이 있어서 내일 반납하러 가려고 생각하고 있었는데.

남：걱정하지 마. 다 읽으면 내가 꼭 반납하러 갈게.

여：그래? 그럼 잊지 않고 틀림없이 반납한다고 약속해.

남：알았어. 그럼, 특별히 내일 돌려주지 않아도 되는 거지?

여：그렇긴 한데, 늦지 말아야 해.

남：네네. 점심 다 먹으면 돌려주러 갈게.

男子は いつ 本を 返しに 行きますか?

1. 내일 오후
2. 모레 오후
3. 내일 오전
4. 모레 오전

단어

| 返す 돌려주다 | この前 요전, 일전 | 貸す 빌려 주다 | 歴史 역사 | 読み終わる 다 읽다 | 図書館 도서관 | 用事 볼일 | 心配 걱정, 염려 | ちゃんと 틀림없이, 분명히 | 忘れる 잊다 | 約束 약속 | 別に 특별히 | 遅れる 늦다 | お昼 점심식사 | 食べ終わる 다 먹다 | 午後 오후 | 午前 오전

해설

여자가 남자에게 내일 도서관에 책을 반납해야 하니 오늘 중으로 돌려 달라고 하자, 남자는 아직 다 못 읽었다며 모레까지 돌려주겠다고 한다. 이에 여자가 반납일은 모레지만 일이 있어서 내일까지 반납해야 한다고 하니 남자는 본인이 직접 반납하겠다고 한다. 본인이 직접 반납하니까 내일까지 돌려주지 않아도 되냐고 묻자 여자는 그렇게 하라고 했으므로, 1번과 3번은 답이 아니다. 남자가 점심을 먹고 나서 반납하러 가겠다고 했으므로 오후에 간다는 뜻이 되겠다. 따라서 정답은 2번이다.

정답 ❷

2ばん

スクリプト 🎧 2-03

デパートで店員がティーシャツを売っています。ティーシャツはどうして安いのですか。

女: 本日に限って、有名デザイナーのロゴがプリントされているティーシャツが安く売られています。本日の売上金は全額、台風9号の被災民の方たちの支援金として使われる予定です。ですからより多くの方に買っていただけるようにと、安く提供されています。ご覧ください。デザインがシンプルですので、ズボンやスカートのどちらにも似合って実用的です。残っているサイズがあまりございませんので、どうぞお急ぎくださいませ。

스크립트 및 해석 | 콕콕 실전문제

ティーシャツはどうして安いのですか。

1. ティーシャツのロゴがおしゃれじゃないから
2. サイズがあまり残ってないから
3. 売上金が地震の被災民たちのために使われるから
4. 支援金をたくさん集めるため

해석

백화점에서 점원이 티셔츠를 팔고 있습니다. 티셔츠는 왜 쌉니까?

여 : 오늘에 한해서, 유명 디자이너의 로고가 프린트 되어 있는 티셔츠를 싸게 팔고 있습니다. 오늘 판매액은 전액 태풍 9호 이재민 분들의 지원금으로 사용될 예정입니다. 그래서 보다 많은 분들이 사 주시도록 싸게 제공되고 있습니다. 보십시오. 디자인이 심플하기 때문에 바지나 치마 어느 쪽에도 어울려서 실용적입니다. 남아 있는 사이즈가 별로 없으니 어서 서둘러 주십시오.

티셔츠는 왜 쌉니까?

1. 티셔츠 로고가 세련되지 않아서
2. 사이즈가 별로 남아 있지 않아서
3. 판매액이 지진 이재민들을 위해 사용되어서
4. 지원금을 많이 모으기 위해서

단어

デパート 백화점 | 店員 점원 | ティーシャツ 티셔츠 | 売る 팔다 | 安い 싸다 | 本日 오늘, 금일 | ～に限って ～에 한해서 | 有名 유명함 | デザイナー 디자이너 | ロゴ 로고 | プリント 프린트 | 売上金 판매액 | 全額 전액 | 台風 태풍 | 被災民 이재민 | 支援金 지원금 | ～として ～으로서 | 予定 예정 | ですから 그러므로, 그래서 | 買う 사다 | 提供 제공 | ご覧 보심 | デザイン 디자인 | シンプル 단순함 | ズボン 바지 | スカート 치마, 스커트 | 似合う 어울리다 | 実用的 실용적 | 残る 남다 | サイズ 사이즈 | 急ぐ 서두르다 | おしゃれ 멋짐, 세련됨 | 地震 지진 | 集める 모으다

해설

태풍 이재민을 위한 지원금을 마련하기 위해 오늘만 유명 디자이너들의 티셔츠를 싼 값에 팔고 있다고 말하고 있다. 따라서 정답은 4번이다.

정답 ❹

3 ばん

스크립트 🎧 2-04

夫婦がウォーターパークのホームページを見ながら話しています。男の人はどうして明日行こうとしているのですか。

女：あさってって洋介の誕生日でしょう？このウォーターパークに行くのはどうかしら？

男：そうだな。いいんじゃないか。どれどれ、入場料はいくらかな？

女：ほら、真ん中の方に書いてあるじゃない。大人は5,000円、小学生は3,000円、幼児は2,500円よ。

男：何だ。思ったより高いなあ。

女：そりゃあ近所のプールよりは高いわよ。でもまあ、特別な日だからね。

男：あ、ほら。幼児は4歳までは無料だって書いてあるぞ。じゃあ、明日行くのはどうだ？

女：洋介が5歳になる前に入場するって作戦ね。別に明日でもかまわないわよ。

男：そうか。よし、じゃあ、明日は朝早く起きるぞ。

男の人はどうして明日行こうとしているのですか。

1. 幼児は入場料が5歳から有料だから
2. 幼児は入場料が4歳まで有料だから
3. 洋介の誕生日が明日だから
4. 幼児の入場料が5歳から無料だから

해석

부부가 워터파크 홈페이지를 보면서 이야기하고 있습니다. 남자는 왜 내일 가려고 합니까?

여 : 모레가 요스케 생일이잖아? 이 워터파크에 가는 건 어떨까?

남 : 그래. 괜찮은데. 어디 보자. 입장료는 얼마야?

여 : 봐 봐, 한가운데에 써 있잖아. 어른은 5,000엔, 초등학생은 3,000엔, 유아는 2,500엔이야.

남 : 뭐야. 생각보다 비싸네.

여 : 그야 근처 수영장보다는 비싸지. 하지만 뭐 특별한 날이니까.

남 : 아, 봐 봐. 유아는 4세까지는 무료라고 써 있네. 그럼, 내일 가는 건 어때?

여 : 요스케가 다섯 살이 되기 전에 입장한다는 작전이구나. 특별히 내일이라도 상관없어.

남 : 그래? 좋았어, 그럼, 내일은 아침 일찍 일어나야지.

스크립트 및 해석 | 콕콕 실전문제

남자는 왜 내일 가려고 합니까?
1. 유아는 입장료가 5세부터 유료니까
2. 유아는 입장료가 4세까지 유료니까
3. 요스케 생일이 내일이니까
4. 유아 입장료가 5세부터 무료니까

단어

夫婦 부부 | ウォーターパーク 워터파크 | ホームページ 홈페이지 | 誕生日 생일 | 入場料 입장료 | 真ん中 한가운데 | 大人 어른 | 小学生 초등학생 | 幼児 유아 | そりゃあ 그것은 | 近所 근처 | プール 풀, 수영장 | 高い 비싸다 | 特別 특별함 | 歳 ~살, ~세 | 無料 무료 | 入場 입장 | 作戦 작전 | 別に 특별히 | よし 좋아 | 起きる 일어나다, 기상하다 | 有料 유료

해설

유아 입장료가 네 살까지는 무료이기 때문에 다섯 살이 되는 모레가 되기 전에 가려는 것이다. 따라서 정답은 1번이다.

정답 ❶

4ばん

스크립트 🎧 2-05

男の人と女の人がレストランで話しています。男の人は料理の味がいつもと違うのをどうして知りましたか。

男：今日のしょうゆチャーハンはなんかいつもと味が違うなあ。
女：そう？私は前とそんなに変わらない気がするけどね。あ、もしかしてシェフが変わったのかも。
男：さっき見たけど、シェフはそのままだったよ。
女：前田さん、体の調子が悪いんじゃないの？調子悪いと、味がわからなくなるんだって。
男：体の調子は最高だよ。なんか少し苦い気がするんだ。ほら、見て。やっぱりハムが少し焦げてるよ。

女：あ、本当だ。どうしてわかったの？私はぜんぜん気づかなかったわよ。前田さんって、こういうの鈍い方じゃなかったの？
男：そうなんだけど。長年、通ってるからいやでもわかるんだ。
女：そうなの。

男の人は料理の味がいつもと違うのをどうして知りましたか。

1. 体の調子がとてもいいから
2. シェフが変わったことを知っていたから
3. 味覚が鋭い方だから
4. このレストランによく来るから

해석

남자와 여자가 레스토랑에서 이야기하고 있습니다. 남자는 음식 맛이 평소와 다른 것을 어떻게 알았습니까?

남 : 오늘 간장볶음밥은 뭔가 평소랑 맛이 다르네.
여 : 그래? 나는 이전과 그렇게 바뀌지 않은 것 같은데. 아, 혹시 요리사가 바뀌었을지도 모르겠다.
남 : 아까 봤는데, 요리사는 그대로였어.
여 : 마에다 씨. 컨디션이 나쁜 거 아냐? 컨디션이 나쁘면 맛을 모르게 된대.
남 : 컨디션은 최고야. 뭔가 조금 쓴 것 같아. 자, 봐 봐. 역시 햄이 좀 탔어.
여 : 아, 정말이다. 어떻게 알았어? 나는 전혀 눈치 못 챘어. 마에다 씨는 이런 거 둔한 편 아니었어?
남 : 그렇긴 한데. (이 레스토랑에) 오랫동안 다니고 있으니까 싫어도 알 수 있는 거야.
여 : 그렇구나.

남자는 음식 맛이 평소와 다른 것을 어떻게 알았습니까?

1. 컨디션이 아주 좋아서
2. 요리사가 바뀐 것을 알고 있어서
3. 미각이 예민한 편이라서
4. 이 레스토랑에 자주 와서

단어

料理 요리 | 味 맛 | 違う 다르다 | しょうゆ 간장 | チャーハン 볶음밥 | 変わる 바뀌다, 틀리다 | 気がする 느낌이 들다 | もしかして 혹시 | シェフ 요리사 | 見る 보다 | 体 몸 | 調子 상태 | 悪い 나쁘다 | 最高 최고 | 少し 조금 | 苦い 쓰다 | 焦げる 타다 | ぜんぜん 전혀 | 気づく 깨닫다, 알아채다 | 鈍い 둔하다 | 長年 오랫동안 | 通う 다니다 | 味覚 미각 | 鋭い 예민하다, 예리하다

> 스크립트 및 해석　콕콕 실전문제

> 해설

여자와 남자가 레스토랑에서 간장볶음밥을 먹고 있다. 남자가 맛이 평소와 다르며, 음식 속 햄이 탔다고 알려 주자, 여자는 남자가 평소 둔한 편인데 어떻게 그런 것을 발견했냐며 신기해한다. 이에 남자는 대화 후반부에서 오랫동안 이 레스토랑에서 밥을 먹었기 때문에 알 수 있다고 대답한다. 따라서 정답은 4번이다.

정답 ❹

5ばん

> スクリプト 🎧 2-06

男の人と女の人が話しています。女の人はどうして銀行に行きますか。

女：家賃払いに大家さんのとこに行ってくるわね。
男：直接渡しに行くんだ。僕は銀行に振り込むんだけど。
女：大家さんが隣に住んでるから直接行く方が楽なの。
男：じゃあ、いってらっしゃい。
女：あ、そうだ！大家さん、今日から旅行で家にいないんだった。どうしよう。
男：じゃあ、大家さんが帰ってくるまで待つしかないな。
女：家賃払うの遅れちゃうと大家さんにすごく嫌な顔されるのよ。
男：じゃあ、インターネットバンキング利用すれば？
女：実はまだ申し込んでないのよ。面倒だけど銀行で送金するしかないわね。

女の人はどうして銀行に行きますか。

1. インターネットバンキングのやり方がわからないから
2. 銀行で家賃を払う方が楽だから
3. 銀行で家賃を払わないといけないから
4. 大家さんがインターネットバンキングを嫌がるから

> 해석

남자와 여자가 이야기하고 있습니다. 여자는 왜 은행에 갑니까?

여 : 집세 내러 주인집에 갔다 올게.
남 : 직접 주러 가는 구나. 나는 은행에 입금하는데.

여 : 집주인이 옆집에 살고 있으니까 직접 가는 게 편해.
남 : 그럼, 다녀와.
여 : 아, 맞다! 집주인이 오늘부터 여행 때문에 집에 없구나. 어떻게 하지?
남 : 그럼, 집주인이 돌아올 때까지 기다릴 수밖에 없네.
여 : 집세 내는 거 늦어지면 집주인 굉장히 싫은 얼굴해.
남 : 그럼, 인터넷 뱅킹 이용하면 어때?
여 : 실은 아직 신청 안 했어. 귀찮지만 은행에서 송금할 수밖에 없네.

여자는 왜 은행에 갑니까?

1. 인터넷 뱅킹 사용법을 몰라서
2. 은행에서 집세를 내는 게 편해서
3. 은행에서 십세를 내지 않으면 안 돼서
4. 집주인이 인터넷 뱅킹을 싫어해서

단어

銀行 은행 | 家賃 집세 | 払う 지불하다 | 大家さん 집주인 | 直接 직접 | 渡す 건네다 | 振り込む (계좌에) 납입하다 | 隣 이웃, 옆집 | 住む 살다 | 楽 편함 | 旅行 여행 | 遅れる 늦다 | インターネットバンキング 인터넷 뱅킹 | 利用 이용 | 面倒 귀찮음 | 送金 송금 | やり方 하는 방식 | 嫌がる 싫어하다

해설

직접 전달, 은행 송금, 인터넷 뱅킹 등 집세를 내는 방법이 몇 가지 나열되고 있다. 여자는 집주인이 옆집에 살기 때문에 직접 주는 게 편하지만 마침 당일은 주인이 여행을 간 날이다. 남자가 돌아오면 주라고 하자 여자는 집주인이 집세를 늦게 주면 싫어하기 때문에 어떻게든 당일에 주고 싶어한다. 인터넷 뱅킹을 이용하라는 남자 말에 여자는 신청하지 않아서 이용할 수가 없다고 한다. 결국 여자는 집세를 내러 은행을 간다고 말하고 있으므로 정답은 3번이다.

정답 ❸

6 ばん

스크립트 2-07

男の人と女の人がロボット掃除機について話しています。女の人はどうしてロボット掃除機を使いませんか。

男 : あれ？掃除まだやってるの？今日は時間かけてやってるんだね。

스크립트 및 해석 콕콕 실전문제

女：うん。いつもはロボット掃除機で簡単に済ませるんだけどね。
男：やっぱり、ロボットだと隅まできれいにならないでしょう。
女：まあ、完璧にきれいにはならないけど、そんなに悪くないわよ。
男：じゃ、なんで今日はロボット掃除機を使わないの？あ、動かないね。こわれたのか。
女：私も最初はそうだと思って心配したんだけどね。夕べ充電しないで寝てしまって、動かないだけよ。充電が終わるまで、30分くらいかかるの。
男：何だ。そうか。買ったばかりなのに、おかしいと思ったよ。
女：そうなのよ。だから、自分で掃除しているの。
男：時々自分で掃除するのも、運動になっていいと思うよ。
女：そうかしら。

女の人はどうしてロボット掃除機を使いませんか。

1. ロボット掃除機ではきれいに掃除できないから
2. 充電をしなかったので、動かないから
3. 時間をかけて掃除したいから
4. 運動不足なので、動きたいから

해석

남자와 여자가 로봇청소기에 대해서 이야기하고 있습니다. 여자는 왜 로봇청소기를 사용하지 않습니까?

남 : 어? 청소 아직도 하고 있어? 오늘은 시간 들여서 하고 있네.
여 : 응. 평소에는 로봇청소기로 간단하게 끝내는데 말야.
남 : 역시 로봇이면 구석까지 깨끗해지지 않지?
여 : 뭐, 완벽하게 깨끗해지지는 않지만, 그렇게 나쁘지 않아.
남 : 그럼, 왜 오늘은 로봇청소기를 안 써? 아, 안 움직이네. 고장 난 거야?
여 : 나도 처음에는 그렇다고 생각해서 걱정했는데. 어젯밤에 충전하지 않고 자 버려서 작동하지 않을 뿐이야. 충전이 끝날 때까지 30분 정도 걸려.
남 : 뭐야. 그렇구나. 산 지 얼마 안 됐는데 이상하다고 생각했어.
여 : 그렇지. 그래서 내가 청소하고 있는 거야.
남 : 가끔 직접 청소하는 것도 운동이 되어서 좋을 거야.
여 : 그럴까.

여자는 왜 로봇청소기를 사용하지 않습니까?

1. 로봇청소기로는 깨끗하게 청소할 수 없어서
2. 충전을 하지 않아서 작동하지 않으니까

3. 시간을 들여서 청소하고 싶어서
4. 운동 부족이라 움직이고 싶어서

단어

掃除機 청소기 | 使う 사용하다 | やる 하다, 주다 | かける (시간 등을) 들이다 | 簡単に 간단히 | 済ます 끝내다, 마치다 | 隅 구석 | 完璧に 완벽하게 | 動く 작동하다, 움직이다 | こわれる 고장 나다 | 最初 최초 | 心配する 걱정하다 | 夕べ 어젯밤 | 充電する 충전하다 | 寝る 자다 | 買う 사다 | おかしい 이상하다 | 自分で 스스로, 직접 | 掃除する 청소하다 | 時々 때때로 | 運動不足 운동 부족

해설

여자가 오늘 로봇청소기를 사용하지 않는 이유에 대해서 중반부에 어젯밤에 충전을 해 놓지 않아서 작동하지 않는다고 말하고 있다. 따라서 정답은 2번이다.

정답 ❷

7ばん

스크립트 2-08

教室で先生が話しています。夏休みの宿題の中で、必ずやらないといけないものは何ですか。

女: 今年の夏休みの宿題は、少なめに出します。まず、日記は毎日書く必要はありませんが、一週間に3日は書いてきてください。読書感想文は、書いてきた人の中からいい作品を選んで賞をあげます。感想文を日記に書いても、賞はあげませんから、出す人は必ず原稿用紙に書いてください。感想文を出さない人も、本を読んだらお父さんお母さんのサインを忘れずにもらってきてください。また、毎年宿題に出していた、見学報告書は今年から、やりたい人だけ出せばいいことになりました。

夏休みの宿題の中で、必ずやらないといけないものは何ですか。

1. 日記、読書感想文
2. 日記、読書
3. 読書感想文、読書
4. 読書、見学報告書

스크립트 및 해석 · 콕콕 실전문제

> 해석

교실에서 선생님이 이야기하고 있습니다. 여름방학 숙제 중에서 꼭 해야 하는 것은 무엇입니까?

여 : 올 여름방학 숙제는 적게 낼게요. 우선, 일기는 매일 쓸 필요는 없지만, 일주일에 3일은 써 오세요. 독서 감상문은 써 온 사람 중에서 좋은 작품을 골라서 상을 주겠습니다. 감상문을 일기에 써도 상은 주지 않으니까 (감상문을) 낼 사람은 꼭 원고지에 쓰세요. 감상문을 내지 않는 사람도 책을 읽으면 아빠, 엄마의 사인을 잊지 말고 받아 오세요. 또, 매년 숙제로 냈던 견학 보고서는 올해부터 하고 싶은 사람만 내면 됩니다.

여름방학 숙제 중에서 꼭 해야 하는 것은 무엇입니까?

1. 일기, 독서 감상문
2. 일기, 독서
3. 독서 감상문, 독서
4. 독서, 견학 보고서

> 단어

教室 교실 | 夏休み 여름방학 | 宿題 숙제 | 必ず 반드시, 꼭 | 今年 올해 | 少なめ 적은 편 | 出す 내다, 제출하다 | 日記 일기 | 毎日 매일 | 書く 쓰다 | 必要 필요함 | 一週間 일주일 | 読書 독서 | 感想文 감상문 | 作品 작품 | 選ぶ 고르다 | 賞 상 | あげる 주다 | 原稿用紙 원고지 | 本 책 | 読む 읽다 | 忘れる 잊다 | 毎年 매년 | 見学 견학 | 報告書 보고서

> 해설

여름방학 숙제 중에서 일기는 일주일에 3일 이상을 써야 한다. 그리고 독서 감상문은 써 온 사람 중에서 선정하여 상을 준다고 했으므로 필수가 아닌 선택사항이다. 독서 감상문을 쓰지 않더라도 책을 읽으면 부모님 사인을 받아 오라고 했으므로 독서는 필수사항이다. 견학 보고서는 희망자만 내는 숙제이므로 정답은 2번이다.

> 정답 ❷

8ばん

> 스크립트 🎧 2-09

女の人と男の人が会社で話しています。女の人が男の人を待っている理由は何ですか。

女 : あのー、武田さん。お願いがあるんですけど。
男 : どうしたんですか。さやかさん。

女: 実は今日会社で足をくじいちゃって、歩いて家まで帰れないと思うんですよ。それでもしご迷惑でなければ、車で送ってくださいませんか。

男: そんなことがあったんですか。じゃあ、後で僕と一緒に帰りましょう。でも僕今日仕事終わるの遅いんですけど、少し待っていただけますか。

女: もちろんです。あのー、私ができることがありましたらお手伝いしますよ。

男: ありがとう。でも一人で大丈夫ですよ。あ、そうだ。さやかさんの家ってたしか僕と同じ方向でしたよね？

女: そうです。ご迷惑をおかけして本当にすみません。

男: いやいや。困った時はお互い様ですよ。

女の人が男の人を待っている理由は何ですか。

1. 武田さんの仕事を手伝わないといけないから
2. 前から武田さんの車に乗りたかったから
3. 武田さんが仕事を手伝ってほしいと言ったから
4. 武田さんの車でいっしょに帰ることにしたから

> **해석**

여자와 남자가 회사에서 이야기하고 있습니다. 여자가 남자를 기다리고 있는 이유는 무엇입니까?

여: 저기, 다케다 씨. 부탁이 있는데요.

남: 무슨 일이에요? 사야카 씨.

여: 실은 오늘 회사에서 다리를 삐어서 집까지 걸어서 못 갈 것 같아서요. 그래서 혹시 폐가 안 된다면 차로 데려다주지 않을래요?

남: 그런 일이 있었어요? 그럼 나중에 저와 같이 가요. 하지만 저는 오늘 일이 끝나는 시간이 늦는데 조금 기다려 주실 수 있어요?

여: 물론입니다. 저기, 제가 할 수 있는 일이 있으면 도와 드릴게요.

남: 고마워요. 하지만 혼자서도 괜찮아요. 아, 참. 사야카 씨 집이 아마 저와 같은 방향이었죠?

여: 그렇습니다. 폐를 끼쳐서 정말로 죄송해요.

남: 아닙니다. 곤란할 때는 서로 도와야죠.

여자가 남자를 기다리고 있는 이유는 무엇입니까?

1. 다케다 씨의 일을 돕지 않으면 안 돼서
2. 전부터 다케다 씨의 차를 타고 싶어서
3. 다케다 씨가 일을 도와 달라고 말해서
4. 다케다 씨의 차로 함께 돌아가기로 해서

스크립트 및 해석 | 콕콕 실전문제

단어

待つ 기다리다 | 理由 이유 | お願い 부탁 | 実は 실은 | 足をくじく 다리를 삐다 | 歩く 걷다 | 帰る 돌아가다 | 迷惑 폐, 귀찮음 | 送る 데려다주다 | 仕事 일 | 終わる 끝나다 | 遅い 늦다 | 手伝う 돕다 | 一人で 혼자서 | たしか 아마도 | 方向 방향 | 困る 곤란하다 | お互い様 피장파장 | 乗る 타다

해설

여자가 발을 삐어서 걸어서 귀가할 수 없으니 남자에게 차로 집까지 데려다 달라고 부탁했다. 이에 남자는 여자를 데려다주기로 했는데 일이 늦게 끝나니 조금만 기다려 달라고 말하고 있다. 따라서 정답은 4번이다.

정답 ④

9ばん

スクリプト 2-10

男の人と女の人が話しています。女の人はどうして傘を持って出かけますか。

女：ちょっとスーパーに行ってくるわね。
男：あれ？雨でもないのに傘を持って出かけるの？
女：うん。昨日急に雨に降られてね。この傘をスーパーのおばさんに貸してもらったの。
男：なんだ。そうだったんだ。今日は日差しが強いのにな。
女：そうね。今日は日傘を差さないといけないわね。
男：そうだな。
女：じゃ、行ってきます。

女の人はどうして傘を持って出かけますか。

1. 雨が降りそうだから
2. 日差しが強いから
3. 傘を返さないといけないから
4. 日傘代わりに使うから

해석

남자와 여자가 이야기하고 있습니다. 여자는 왜 우산을 가지고 외출합니까?

여 : 잠깐 슈퍼에 다녀올게.
남 : 어? 비도 안 오는데 우산을 가지고 나가는 거야?
여 : 응. 어제 갑자기 비가 와서 말야. 이 우산을 슈퍼 아줌마한테 빌렸어.
남 : 뭐야. 그랬구나. 오늘은 햇볕이 강한데.
여 : 그렇네. 오늘은 양산을 쓰지 않으면 안 되겠어.
남 : 그렇지.
여 : 그럼 다녀올게.

여자는 왜 우산을 가지고 외출합니까?

1. 비가 올 것 같아서
2. 햇볕이 강해서
3. 우산을 돌려주지 않으면 안 돼서
4. 양산 대신에 사용해서

단어

傘(かさ) 우산 | 出(で)かける 나가다, 외출하다 | スーパー 슈퍼마켓 | 雨(あめ) 비 | 急(きゅう)に 갑자기 | 降(ふ)る (비・눈 등이) 내리다 | 貸(か)す 빌려 주다 | 日差(ひざ)し 볕, 햇살 | 強(つよ)い 강하다 | 日傘(ひがさ)を差(さ)す 양산을 쓰다 | 返(かえ)す 돌려주다 | 代(か)わり 대신, 대용

해설

비가 오지 않는데 여자가 우산을 가지고 나가는 건 어제 빌린 우산을 돌려 주기 위해서이다. 따라서 정답은 3번이다. 여자가 오늘은 양산을 써야 할 정도로 햇빛이 강하다고 말하고 있지만, 우산을 양산 대용으로 사용한다는 뜻은 아니므로 4번은 답이 아니다.

정답 ❸

3 | 문제3 개요 이해 공략하기

문제 유형 분석

결론이 있는 텍스트를 듣고 내용을 이해할 수 있는지를 묻는다. 텍스트 전체에서 화자의 의도나 주장을 이해할 수 있는지 묻고 있으므로 화자의 주장과 생각에 대해서 파악해야 한다. 본문은 대화가 아닌 혼자서 말하는 내용도 있으며, 논리적이고 추상적인 주제가 나온다. 예상 문제 수는 3문제이며, 약 7분의 시간이 소요될 것으로 예상된다.

문제 풀이 비법

1. 문제의 흐름은 「상황 설명문 듣기 ➡ 결론이 있는 텍스트 듣기 ➡ 질문문 듣기 ➡ 선택지 고르기」의 순서로 진행된다. 선택지는 인쇄되어 있지 않으며 음성으로만 들려준다.

2. 선택지가 음성으로만 나오기 때문에 텍스트를 들으면서 요점이 되는 것을 반드시 메모해 두어야 한다.

3. 본문이 추상적이거나 논리적인 내용이 많기 때문에 난해한 어휘가 등장할 수 있으나 당황하지 말고 전체적인 흐름을 파악하는 것이 중요하다.

4. 문제를 쉽게 풀기 위해서는 전체적인 것을 파악하는 힘이 필요하다. 평소에 문장을 요약하는 연습과 신문을 빨리 읽는 연습을 하는 것이 도움이 되겠다.

問題3

問題3では、問題用紙に何もいんさつされていません。この問題は、ぜんたいとしてどんなないようかを聞く問題です。話の前に質問はありません。まず話を聞いてください。それから、質問とせんたくしを聞いて、1から4の中から、最もよいものを一つえらんでください。

れい 🎧 3-01

― メモ ―

스크립트 및 해석 : 예제

れい

스크립트 3-01

男の人と女の人が話しています。

男 : あのう、お願いって何でしょうか。
女 : あ、林さん。実は、今夜の忘年会の参加者が思ったより多いので、果物やスナックが足りないかもしれないんです。スナックは高木君たちが足りない分を買って来るって言ってましたから大丈夫だと思うんですが、果物の方は重いので車を持っている人に頼まないといけないんです。参加者の中で車を持っている人が林さんしかいないので、申し訳ありませんが、こちらにいらっしゃるついでにすいかを一つ買って来ていただけないでしょうか。あの、出来たら大き目のものをお願いします。

女の人は男の人にどのような事をお願いしていますか。

1. スナックを買ってきてもらうこと
2. 車を持ってきてもらうこと
3. すいかを買ってきてもらうこと
4. 目立つすいかを買ってきてもらうこと

해석

남자와 여자가 이야기하고 있습니다.

남 : 저기, 부탁이란 게 뭐죠?
여 : 아, 하야시 씨. 실은 오늘 밤 송년회 참가자가 생각보다 많아서 과일이랑 스낵이 부족할지도 모르겠어요. 스낵은 다카기 군 무리가 부족분을 사 온다고 했으니까 괜찮을 것 같은데, 과일은 무거워서 차를 가지고 있는 사람한테 부탁하지 않으면 안 되거든요. 참가자 중에서 차를 가지고 있는 사람이 하야시 씨밖에 없어서, 죄송하지만 이쪽에 오시는 김에 수박을 하나 사다 주실 수 있으세요? 저기, 될 수 있으면 큰 것을 부탁합니다.

여자는 남자에게 어떤 일을 부탁하고 있습니까?

1. 스낵을 사다 줄 것
2. 차를 가지고 와 줄 것
3. 수박을 사다 줄 것
4. 눈에 띄는 수박을 사다 줄 것

정답 ❸

콕콕 실전문제 / 9

問題 3 🎧 3-02~10

問題3では、問題用紙に何もいんさつされていません。この問題は、ぜんたいとしてどんなないようかを聞く問題です。話の前に質問はありません。まず話を聞いてください。それから、質問とせんたくしを聞いて、1から4の中から、最もよいものを一つえらんでください。

— メモ —

| 스크립트 및 해석 | **콕콕 실전문제**

1ばん

스크립트 3-02

女の人が靴屋さんに来て話しています。

女 : あの、さっきここで買った紺色の靴なんですけど。やっぱりサイズが少し大きいんです。
男 : じゃあ、違う色で一つ下のサイズをお試しになってみてはいかがですか。
女 : あの、色は気に入っているんですが。
男 : すみません、あいにく紺色で一つ下のサイズは売り切れでございます。
女 : そうなんですか。うーん。どうしようかな……。
男 : お客様、この茶色の靴もなかなか人気がありますよ。
女 : あ、すみません。もう少し考えてみてからまた来ます。
男 : そうなさいますか。一応返品は明日まで可能ですので。
女 : ええ、それは分かってます。

女の人は靴屋さんに何をしに行きましたか。

1. 違う色の靴に交換するために来た
2. 靴のサイズ交換のために来た
3. 靴を返品するために来た
4. 靴の修理のために来た

해석

여자가 신발 가게에 와서 이야기하고 있습니다.

여 : 저기, 방금 여기에서 산 남색 신발 말인데요. 역시 사이즈가 조금 커요.
남 : 그럼, 다른 색으로 하나 작은 사이즈를 신어 보시는 건 어떠세요?
여 : 저, 색은 마음에 드는데요.
남 : 죄송합니다, 마침 남색의 하나 작은 사이즈는 다 팔렸습니다.
여 : 그래요? 음. 어쩌지?
남 : 손님, 이 갈색 신발도 꽤 인기가 있습니다.
여 : 아, 죄송해요. 좀 더 생각해 보고 나서 다시 올게요.
남 : 그러시겠습니까? 일단 반품은 내일까지 가능하니까요.
여 : 네, 그건 알고 있습니다.

여자는 신발 가게에 무엇을 하러 갔습니까?

1. 다른 색 신발로 교환하기 위해서 왔다.
2. 신발 사이즈 교환을 위해서 왔다.
3. 신발을 반품하기 위해서 왔다.
4. 신발 수리를 위해서 왔다.

단어

靴屋さん 신발 가게, 구두 가게 | 紺色 감색, 어두운 남색 | やっぱり 역시 | サイズ 사이즈 | 違う 다르다 | 色 색 | 試す 시험하다 | ～てはいかがですか ~하는 것은 어떻습니까? | 気に入る 마음에 들다 | あいにく 공교롭게도, 마침 | 売り切れ 품절, 매진 | ～でございます ~입니다 | 茶色 갈색 | なかなか 꽤, 상당히 | 人気 인기 | 一応 일단 | 返品 반품 | 可能 가능 | 交換 교환 | 修理 수리

해설

여자는 신발의 색은 마음에 들지만, 사이즈가 조금 크다고 말하고 있다. 따라서 정답은 2번이다. 반품은 내일까지라고 알려 주는 남자의 대사 때문에 여자가 반품하러 온 것이라고 판단하지 않도록 주의한다.

정답 ❷

2 ばん

스크립트 🎧 3-03

医者と患者が話しています。

女 : どうしましたか。
男 : 足をくじいてしまったんです。
女 : まあ、けっこう腫れ上がってますね。がんばって治療を受けないと完全に治るまで長くかかるかもしれませんよ。家に帰ったら今日は氷でシップをしてください。あしたからは氷のシップはやめてください。かわりに温かいお湯に足を入れておくと治療に役に立ちますよ。それから腫れを和らげる薬を飲んでください。忘れずに薬を飲むことは大変かもしれませんが、早く治すためには仕方がありません。

医者は何について話していますか。

1. 足の治療の難しさ
2. 薬を飲むことの大変さ

> 스크립트 및 해석 **콕콕 실전문제**

3. 足を早く治す方法
4. 氷のシップの重要さ

> 해석

의사와 환자가 이야기하고 있습니다.

여 : 어디가 아프세요?

남 : 발을 삐었습니다.

여 : 어머, 꽤 부어올랐네요. 열심히 치료를 받지 않으면 완전히 나을 때까지 오래 걸릴지도 몰라요. 집에 돌아가시면 오늘은 얼음으로 찜질을 해 주세요. 내일부터는 얼음 찜질은 하지 마세요. 대신에 따뜻한 물에 발을 담가 두면 치료에 도움이 됩니다. 그런 다음 부기를 완화시키는 약을 드세요. 잊지 않고 약을 먹는 일은 힘들지도 모르지만 빨리 나으려면 어쩔 수 없습니다.

의사는 무엇에 대해서 이야기하고 있습니까?

1. 발 치료의 어려움
2. 약을 먹는 일의 어려움
3. 발을 빨리 고치는 방법
4. 얼음 찜질의 중요성

> 단어

医者 의사 | 患者 환자 | 足をくじく 발을 삐다 | けっこう 꽤 | 腫れ上がる 부어오르다 | がんばる 열심히 하다 | 治療を受ける 치료를 받다 | 完全に 완전히 | 治る 낫다, 치료되다 | 氷 얼음 | シップ 습포, 찜질 | やめる 그만두다 | かわりに 대신에 | 温かい 따뜻하다 | お湯 끓인 물, 더운물 | 役に立つ 도움이 되다 | 腫れ 부기 | 和らげる 완화하다 | 薬を飲む 약을 먹다 | 忘れる 잊다 | ~ずに ~하지 않고 | 大変 큰일, 힘듦 | 治す 고치다, 치료하다 | 仕方がない 방법이 없다 | ~について ~에 대해서 | 難しさ 어려움 | 方法 방법 | 重要さ 중요함

> 해설

의사가 발을 삔 환자에게 치료 방법을 설명해 주고 있다. 따라서 정답은 3번이다.

정답 ❸

3 ばん

스크립트 🎧 3-04

ボーイスカウトのリーダーが国際キャンプの説明会で話しています。

男：今回の国際キャンプは8月1日から8月7日にかけて行われ、各国から2,000名ほどの参加者が集まる予定です。キャンプ内に食堂がありますので、今回のキャンプは料理を作る手間がかかりません。常に医者と看護師が待機してますので、何かあったらすぐに対応できます。それでは、キャンプ場までの移動ですが、去年は大型バスを借りましたが、今年は予算が足りないので、ご両親方のご協力が必要です。中学生たちは、私と先に出発しますが、小学生たちは後から、2台の車に分けてキャンプ場まで移動しなければなりません。キャンプ場までは30分もかからないので、それほど大変なことではないと思います。

リーダーは何のために説明会を開きましたか。

1. キャンプ場までの移動を手伝ってもらうために開いた
2. キャンプ場での食事の準備を手伝ってもらうために開いた
3. ボーイスカウトの予算が足りない理由を知らせるために開いた
4. キャンプ場に医者が必要な理由を知らせるために開いた

해석

보이 스카우트의 리더가 국제 캠프 설명회에서 이야기하고 있습니다.

남 : 이번 국제 캠프는 8월 1일부터 8월 7일에 걸쳐서 열리며, 각국에서 2천 명 정도의 참가자가 모일 예정입니다. 캠프 내에 식당이 있어서 이번 캠프는 요리를 하는 수고가 들지 않습니다. 상시 의사와 간호사가 대기하고 있기 때문에 무슨 일이 있으면 바로 대응할 수 있습니다. 그러면, 캠프장까지의 이동인데요, 작년에는 대형버스를 빌렸습니다만, 올해는 예산이 부족해서 부모님들의 협력이 필요합니다. 중학생들은 저와 먼저 출발합니다만, 초등학생들은 나중에 두 대의 차에 나뉘어서 캠프장까지 이동해야 합니다. 캠프장까지는 30분도 걸리지 않기 때문에 그렇게 힘들지는 않을 것입니다.

리더는 무엇을 위해서 설명회를 열었습니까?

1. 캠프장까지의 이동을 도움받기 위해 열었다.
2. 캠프장에서의 식사 준비를 도움받기 위해 열었다.
3. 보이 스카우트의 예산이 부족한 이유를 알리기 위해 열었다.
4. 캠프장에 의사가 필요한 이유를 알리기 위해 열었다.

스크립트 및 해석 콕콕 실전문제

단어

国際(こくさい) 국제 | 説明会(せつめいかい) 설명회 | 今回(こんかい) 이번 | 行(おこな)う 실시하다 | 各国(かっこく) 각국 | ～名(めい) ~명 | 参加者(さんかしゃ) 참가자 | 集(あつ)まる 모이다 | 予定(よてい) 예정 | 食堂(しょくどう) 식당 | 料理(りょうり) 요리 | 作(つく)る 만들다 | 手間(てま) 수고 | 常(つね)に 항상 | 看護師(かんごし) 간호사 | 待機(たいき)する 대기하다 | 対応(たいおう)する 대응하다 | キャンプ場(じょう) 캠프장 | 移動(いどう) 이동 | 去年(きょねん) 작년 | 大型(おおがた) 대형 | 借(か)りる 빌리다 | 予算(よさん) 예산 | 足(た)りない 부족하다 | 両親(りょうしん) 부모님 | ～方(がた) 분 | 協力(きょうりょく) 협력 | 先(さき)に 먼저 | 出発(しゅっぱつ)する 출발하다 | 小学生(しょうがくせい) 초등학생 | ～台(だい) ~대 | 分(わ)ける 나누다 | 開(ひら)く 열다, 개최하다 | 手伝(てつだ)う 돕다 | 準備(じゅんび) 준비 | 知(し)らせる 알리다

해설

스카우트의 리더가 국제 캠프에 대해서 설명하고 있다. 설명회를 연 이유는 중반부부터 후반부에 걸쳐서 나오는데, 캠프장까지의 이동을 위해 부모님들의 도움이 필요하기 때문이다. 예산 부족에 대한 이야기는 나오지만, 예산이 부족한 이유에 대한 설명은 없다. 따라서 정답은 1번이다.

정답 ❶

4ばん

스크립트 🎧 3-05

男(おとこ)の人(ひと)が乗(の)り物酔(ものよ)いについて話(はな)しています。

男：連休(れんきゅう)を迎(むか)えて旅行(りょこう)に出(で)かける人(ひと)が多(おお)くなっています。旅行(りょこう)の時(とき)、大変(たいへん)なのはなんと言(い)っても乗(の)り物酔(ものよ)いですね。乗(の)り物酔(ものよ)いになると、体(からだ)に色々(いろいろ)な変化(へんか)が起(お)こります。顔色(かおいろ)が悪(わる)くなり、手(て)や首(くび)などに冷(ひ)や汗(あせ)が出(で)てきます。頭(あたま)が痛(いた)くなったり、重(おも)くなったりする人(ひと)もいるようです。また、胸(むね)が苦(くる)しくなってため息(いき)が出(で)たり、あくびをしたり、吐(は)いてしまう人(ひと)もよく見(み)かけます。僕(ぼく)は車(くるま)に乗(の)るとひどく酔(よ)うので遠出(とおで)の時(とき)には万全(ばんぜん)の準備(じゅんび)をしなければなりません。

男(おとこ)の人(ひと)は乗(の)り物酔(ものよ)いの何(なに)について話(はな)していますか。

1. 乗(の)り物酔(ものよ)いの予防策(よぼうさく)
2. 乗(の)り物酔(ものよ)いの症状(しょうじょう)
3. 乗(の)り物酔(ものよ)いの治療法(ちりょうほう)
4. 乗(の)り物酔(ものよ)いの原因(げんいん)

> 해석

남자가 멀미에 대해서 이야기하고 있습니다.

남 : 연휴를 맞아 여행을 가는 사람이 많아지고 있습니다. 여행 시 큰일인 것은 누가 뭐라고 해도 멀미지요. 멀미를 하면 몸에 여러 가지 변화가 일어납니다. 안색이 나빠지고 손이나 목 등에 식은땀이 나기 시작합니다. 머리가 아파지거나 무거워지거나 하는 사람도 있는 것 같습니다. 또한 가슴이 답답해져서 한숨이 나오거나 하품을 하거나 토하는 사람도 자주 봅니다. 저는 차를 타면 심하게 멀미를 하기 때문에 멀리 갈 때는 만전의 준비를 하지 않으면 안 됩니다.

남자는 멀미의 무엇에 대해서 이야기하고 있습니까?

1. 멀미의 예방책
2. 멀미의 증상
3. 멀미의 치료법
4. 멀미의 원인

> 단어

乗り物酔い 멀미 | 連休 연휴 | 迎える 맞이하다 | 旅行に出かける 여행을 떠나다 | なんと言っても 누가 뭐라 해도 | 色々 여러 가지 | 変化 변화 | 起こる 일어나다, 발생하다 | 顔色 안색, 얼굴빛 | 首 목 | 冷や汗 식은땀 | 出る 나오(가)다 | 痛い 아프다 | 重い 무겁다 | 胸 가슴 | 苦しい 답답하다, 고통스럽다 | ため息 한숨 | あくび 하품 | 吐く 토하다 | 見かける 눈에 띄다 | ひどく 심하게 | 酔う 멀미하다, 취하다 | 遠出 멀리 나감 | 万全 만전 | 準備 준비 | 予防策 예방책 | 症状 증상 | 治療法 치료법 | 原因 원인

> 해설

남자는 멀미를 하면 나타나는 여러 가지 증상에 대해서 말하고 있다. 따라서 정답은 2번이다.

정답 ②

5 ばん

스크립트 3-06

女の人と男の人が図書館で話しています。

男 : あれ？洋子さん。珍しいね。日曜日なのに図書館に来るなんて。

女 : あら、真治さんこそどうしたの？

스크립트 및 해석 콕콕 실전문제

男：僕は英文学のレポートを書きに来たんだ。洋子さんもそうなの？
女：ううん。私は家でやろうと思ってるの。
男：家だとやりにくいでしょう？このところ蒸し暑いからさ。じゃあ、本を借りに来たの？
女：そうじゃなくて、図書館のカフェで何か冷たい物でも飲もうと思って。
男：何だ。そうだったのか。

女の人は図書館に何をしに来ましたか。

1. カフェで本を読みに来た
2. 英文学の宿題をしに来た
3. 本を借りに来た
4. カフェで何か飲みに来た

해석

여자와 남자가 도서관에서 이야기하고 있습니다.

남 : 어라? 요코 씨. 신기하네. 일요일인데 도서관에 오다니.
여 : 어머, 신지 씨야말로 무슨 일이야?
남 : 나는 영문학 리포트를 쓰러 왔어. 요코 씨도 그런 거야?
여 : 아니. 나는 집에서 하려고 생각하고 있어.
남 : 집에서는 하기 힘들지 않아? 요즘 무더워서. 그럼, 책을 빌리러 온 거야?
여 : 그게 아니라 도서관 카페에서 뭔가 시원한 음료수라도 마시려고.
남 : 뭐야. 그랬구나.

여자는 도서관에 무엇을 하러 왔습니까?

1. 카페에서 책을 읽으러 왔다.
2. 영문학 숙제를 하러 왔다.
3. 책을 빌리러 왔다.
4. 카페에서 뭔가 마시러 왔다.

단어

図書館 도서관 | 珍しい 드물다, 신기하다 | 日曜日 일요일 | ～こそ ~야말로 | 英文学 영문학 | レポート 리포트 | 書く 쓰다 | やる 하다 | ～にくい ~하기 어렵다 | このところ 요즘 | 蒸し暑い 무덥다 | 借りる 빌리다 | カフェ 카페 | 何か 뭔가 | 冷たい 차갑다 | 飲む 마시다 | 宿題 숙제

해설

남자는 리포트를 쓰러 도서관에 온 것이고, 여자는 도서관의 카페에서 뭔가를 마시려고 온 것이다. 따라서 정답은 4번이다.

정답 ❹

6 ばん

스크립트 🎧 3-07

男の人と女の人が話しています。

男 : あのさ、新しく移ってくる人は何時に到着するのか知ってる？
女 : そうねえ。確か5時に荷物を移しに来るって言ってたから、時間があんまりないわね。
男 : そうか。じゃあ、早く片付けないとな。
女 : 昨日少し整理しておいたから十分間に合うわよ。だからそんなに急がないで。隅々まできれいにしないと、この前みたいに大家さんにお金とられるわよ。
男 : そうだったな。じゃあ、僕は残りの荷物を車に運んでおくよ。
女 : そうね。私は台所の方を片付けるわね。
男 : よし、がんばろうな。

二人は何について話していますか。

1. お出かけ前の掃除
2. 引っ越し前の掃除
3. 引っ越し後の掃除
4. 荷物運び

해석

남자와 여자가 이야기하고 있습니다.

남 : 저기, 새로 이사 오는 사람은 몇 시에 도착하는지 알아?
여 : 글쎄. 아마 5시에 짐을 옮기러 올 거라고 했으니까 시간이 별로 없네.
남 : 그렇구나. 그럼 빨리 치워야지.
여 : 어제 조금 정리해 놨으니까 충분히 시간에 맞출 거야. 그러니까 그렇게 서두르지 마. 구석구석까지 깨끗하게 하지 않으면 요전처럼 집주인한테 돈을 내야 해.

스크립트 및 해석 | 콕콕 실전문제

남 : 그랬지. 그럼, 나는 나머지 짐을 차에 옮겨 둘게.
여 : 그래. 나는 부엌 쪽을 치울게.
남 : 좋았어, 힘내자.

두 사람은 무엇에 대해서 이야기하고 있습니까?

1. 외출 전의 청소
2. 이사 전의 청소
3. 이사 후의 청소
4. 짐 운반

단어

新しい 새롭다 | 移る 옮기다 | 到着 도착 | 知る 알다 | 確か 아마 | 荷物 짐 | 移す 옮기다 | あんまり 별로, 그다지 | 片付ける 정리하다 | 整理 정리 | 十分 충분히 | 間に合う 시간에 맞게 대다 | 急ぐ 서두르다 | 隅々 구석구석 | この前 요전, 얼마 전 | ～みたいに ～와 같이 | 大家さん 집주인 | お金 돈 | とる 빼다, 공제하다 | 残り 나머지 | 運ぶ 나르다, 옮기다 | 台所 부엌 | お出かけ 외출 | 掃除 청소 | 引っ越し 이사

해설

두 사람은 새로 이사 오는 사람이 오기 전에 이사하려고 살던 집을 청소하고 있다. 따라서 정답은 2번이다.

정답 ❷

7 ばん

スクリプト 🎧 3-08

女の人がケーキ屋さんの店員と話しています。

女 : あのう、このクーポンを出すとアイスコーヒーがただでもらえるんですか。
男 : はい、そうです。ただしケーキをお買い上げくださる方に限ってさしあげております。
女 : どうせケーキは買うつもりでしたから。実は今日結婚記念日なんですよ。
男 : それはおめでとうございます。記念日にお買い上げなさる場合は、ケーキが半額になります。
女 : そうなんですか。それは知りませんでした。何か得した気分ですね。えーと、ケーキはいちごケーキでお願いします。

男 : はい、かしこまりました。ろうそくは何本お入れしましょうか。
女 : うーん。結婚して5年目ですから、5本でいいです。あの、これクーポンです。
男 : あ、はい。確かにお受け取りいたしました。

女の人はケーキ屋に何をしに行きましたか。

1. ホットコーヒーを飲みに来た
2. ケーキが半額のクーポンをもらいに来た
3. アイスクリームを買いに来た
4. ケーキを買いに来た

해석

여자가 케이크 가게 점원과 이야기하고 있습니다.

여 : 저기, 이 쿠폰을 내면 아이스 커피를 공짜로 받을 수 있는 거예요?
남 : 네, 그렇습니다. 다만 케이크를 사시는 분에 한해서 드리고 있습니다.
여 : 어차피 케이크는 살 생각이었거든요. 실은 오늘이 결혼기념일이에요.
남 : 그거 축하드립니다. 기념일에 사실 경우에는 케이크가 반값입니다.
여 : 그래요? 그건 몰랐어요. 뭔가 득 본 기분이네요. 음, 케이크는 딸기 케이크로 주세요.
남 : 네, 알겠습니다. 초는 몇 개를 넣을까요?
여 : 음. 결혼한 지 5년째니까 다섯 개면 돼요. 저, 여기 쿠폰입니다.
남 : 아, 네. 확실히 받았습니다.

여자는 케이크 가게에 무엇을 하러 갔습니까?

1. 뜨거운 커피를 마시러 왔다.
2. 케이크가 반값인 쿠폰을 받으러 왔다.
3. 아이스크림을 사러 왔다.
4. 케이크를 사러 왔다.

단어

ケーキ屋さん 케이크 가게 | 店員 점원 | クーポン 쿠폰 | 出す 내다 | アイスコーヒー 아이스 커피 | ただ 공짜 | ただし 단, 다만 | 買い上げる 사들이다(손님이 사는 것을 파는 쪽이 높여 이르는 말) | ~に限って ~에 한해서 | さしあげる 드리다 | どうせ 어차피 | 結婚記念日 결혼기념일 | 場合 경우 | 半額 반액, 반값 | 得する 이득을 보다 | 気分 기분 | いちご 딸기 | ろうそく 양초 | ~本 ~자루, ~개비(가늘고 긴 것을 세는 단위) | 入れる 넣다

스크립트 및 해석 — 콕콕 실전문제

| ~目 ~째 | 確かに 확실히, 분명히 | 受け取る 받다, 수취하다 | ホットコーヒー 뜨거운 커피 | アイスクリーム 아이스크림

해설
여자는 아이스 커피 공짜 쿠폰을 들고 케이크 가게에 왔지만 진짜 목적은 결혼기념일 케이크를 사러 온 것이다. 따라서 정답은 4번이다.

정답 ❹

8ばん

スクリプト 3-09

男の人と女の人が話しています。

男：あー。今夜も蒸し暑くて眠れそうにないよ。また、熱帯夜だね。
女：エアコンつけてるのに、眠れないの？
男：エアコンが居間にしかないから、僕の部屋まで涼しくならないんだ。
女：じゃあ、居間に布団敷いて寝ればいいんじゃないの？私は夏になると、いつもそうしてるわよ。
男：うーん。僕は、ベッドで寝る生活に慣れてるから、布団はどうかな。居間の方が涼しいとは思うけど、布団敷くのが面倒なんだよね。布団敷く前に、ホコリとか掃除しないといけないし。
女：床をタオルでさっと拭くぐらいできるでしょう。暑くて、眠れないよりましよ。一度やってみたら？
男：そうだな。暑さに我慢できなかったら、やってみるよ。

男の人は居間で寝ることについてどう思っていますか。

1. 掃除も面倒だし、暑そうだ
2. 掃除は面倒だけど、涼しそうだ
3. いくら暑くても、ベッドの方がいい
4. いくら暑くても、居間で寝るのは寝心地が悪そうだ

> 해석

남자와 여자가 이야기하고 있습니다.

남 : 아~. 오늘 밤도 너무 더워서 못 잘 것 같아. 또, 열대야네.
여 : 에어컨이 켜져 있는데, 잠을 못 자?
남 : 에어컨이 거실에밖에 없으니까 내 방까지 시원해지지 않아.
여 : 그럼, 거실에 요를 깔고 자면 되잖아. 나는 여름이 되면 늘 그렇게 하고 있어.
남 : 음. 나는 침대에서 자는 생활에 익숙해져 있어서 요는 어떠려나. 거실이 시원할 것 같긴 한데, 요를 까는 게 귀찮아. 요를 깔기 전에 먼지 같은 것을 청소하지 않으면 안 되고.
여 : 바닥을 수건으로 휙 닦는 정도는 할 수 있잖아. 더워서 잠을 못 자는 것보다 낫지. 한번 해 보는 게 어때?
남 : 그렇네. 더위에 참을 수 없으면 해 볼게.

남자는 거실에서 자는 것에 대해서 어떻게 생각하고 있습니까?

1. 청소도 귀찮고 더울 것 같다.
2. 청소는 귀찮지만 시원할 것 같다.
3. 아무리 더워도 침대가 좋다.
4. 아무리 더워도 거실에서 자는 것은 잠자리가 불편할 것 같다.

> 단어

今夜 오늘 밤 | 蒸し暑い 무덥다 | 眠る 잠자다 | ~そうにない ~것 같지 않다 | 熱帯夜 열대야 | つける 켜다 | 居間 거실 | 涼しい 시원하다 | 布団 이불 | 敷く 깔다 | 寝る 자다 | 夏 여름 | 生活 생활 | 慣れる 익숙하다 | 面倒 귀찮음 | ホコリ 먼지 | 掃除する 청소하다 | 床 바닥 | 拭く 닦다, 훔치다 | 暑い 덥다 | 暑さ 더위 | 我慢する 참다 | 寝心地 잠자리 | 悪い 나쁘다

> 해설

남자는 거실에서 자는 것에 대해 시원은 하겠지만, 요를 깔고 청소하는 것은 귀찮다고 이야기하고 있다. 따라서 정답은 2번이다.

정답 ❷

스크립트 및 해석 | 콕콕 실전문제

9 ばん

스크립트 🎧 3-10

会社で女の人と男の人が話しています。

女:あの、ちょっと相談したいことがあるんです。
男:顔色悪いですね。何かあったんですか。
女:実は、清水さんと一緒に作った報告書に問題があって。
男:あ、そのことですか。
女:清水さんが急いで作ったものだから、計算ミスが多くて報告書の提出が遅れてしまったんです。私は急がないでって何回も言ったんですけどね。
男:そうだったんですか。
女:清水さんとは性格が合わなくて一緒に仕事をしたくないんですけどね。同じチームですから、そういうわけにもいかないし、困ってるんです。
男:それは困りましたね。同じチームなんだから、話し合いをして何とかしないと。世の中には、気が合う人もいるけど、そうじゃない人もいますからね。
女:やっぱり、話し合いですか。

女の人は会社で何について相談していますか。

1. レポートを上手に書く方法
2. 仕事をうまくやる方法
3. 人間関係をよくする方法
4. 話し合いのルール

해석

회사에서 여자와 남자가 이야기하고 있습니다.

여: 저기, 좀 상담하고 싶은 게 있어요.
남: 안색이 안 좋네요. 무슨 일 있었어요?
여: 실은, 시미즈 씨와 함께 만든 보고서에 문제가 있어서요.
남: 아, 그 일이군요.
여: 시미즈 씨가 급하게 만든 거라 계산 실수가 많아서 보고서 제출이 늦어져 버렸거든요. 제가 서두르지 말라고 몇 번이나 말했는데도요.
남: 그랬군요.

여 : 시미즈 씨와는 성격이 안 맞아서 같이 일을 하고 싶지 않은데요. 같은 팀이라서 그럴 수도 없고, 난감해요.
남 : 그거 참 곤란하군요. 같은 팀이니까 대화를 해서 어떻게든 풀어야겠네요. 이 세상에는 마음이 맞는 사람도 있지만, 그렇지 않은 사람도 있으니까요.
여 : 역시 대화인가요?

여자는 회사에서 무엇에 대해서 상담하고 있습니까?

1. 리포트를 잘 쓰는 방법
2. 일을 잘하는 방법
3. 인간관계를 좋게 하는 방법
4. 대화의 룰

단어

相談する 상담하다 | 顔色 안색 | 実は 실은 | 一緒に 같이 | 作る 만들다 | 報告書 보고서 | 問題 문제 | 急ぐ 서두르다 | 計算 계산 | ミス 실수 | 提出 제출 | 遅れる 늦어지다 | 何回も 몇 번이나 | 言う 말하다 | 性格 성격 | 合う 맞다 | 仕事 일 | 同じ 같음 | 困る 곤란하다 | 話し合い 의논, 대화 | 世の中 세상 | 気が合う 마음이 맞다 | 上手 능숙함 | 書く 쓰다 | 方法 방법 | うまく 잘 | 人間 인간 | 関係 관계 | ルール 룰, 규칙

해설

여자가 남자에게 상담하고 싶은 것은 같은 팀 동료와의 관계에 대한 고민이다. 따라서 정답은 3번이다.

정답 ❸

4 | 문제4 발화 표현 공략하기

문제 유형 분석

그림을 보면서 상황 설명문을 듣고 장면이나 상황에 어울리는 발화를 바로 선택할 수 있는지를 묻는다. 인사, 의뢰, 허가, 요구 등의 표현이 주로 다루어진다. N1~2에서는 출제되지 않고, N3~5에서만 출제된다. 예상 문제 수는 4문제이며, 약 4분의 시간이 소요될 것으로 예상된다.

문제 풀이 비법

1. 문제의 흐름은 「상황 설명문과 질문문을 그림을 보면서 듣기 ➡ 선택지 고르기」의 순서로 진행된다. 그림이 제시되지만, 선택지는 인쇄되어 있지 않으며 음성으로만 들려준다.

2. 그림을 보면서 상황 설명과 질문 「何と言いますか(뭐라고 말합니까?)」를 음성으로 듣고 3개의 선택지를 듣기 때문에, 먼저 어떤 상황의 그림인지를 파악하는 것이 중요하다.

3. 실제 커뮤니케이션에서 화자가 장면이나 상황에 어울리는 발화를 하고 있는지를 즉각적으로 판단할 수 있는지를 묻는 문제이기 때문에, 그림을 통해서 화자가 누구인지 어떤 상황인지를 파악해야 한다.

4. 일상생활에서 사용되는 인사, 의뢰, 허가, 요구 등의 표현이 주로 나오기 때문에, 인사말이나 관용 표현을 익혀 두면 쉽게 문제를 풀 수 있다.

問題 4

問題4では、えを見ながら質問を聞いてください。やじるし(→)の人は何と言いますか。1から3の中から、最もよいものを一つえらんでください。

れい 🎧 4-01

스크립트 및 해석 예제

れい

스크립트 🎧 4-01

学生が先生の辞書を使いたがっています。何と言いますか。

女：1. 先生の辞書を借りていただいてよろしいでしょうか。
　　2. 先生の辞書を使わせていただいてよろしいでしょうか。
　　3. 先生の辞書を貸してもかまいませんか。

해석

학생이 선생님의 사전을 사용하고 싶어 합니다. 뭐라고 말합니까?

여 : 1. 선생님 사전을 빌리실 수 있겠습니까?
　　2. 선생님 사전을 사용해도 될까요?
　　3. 선생님 사전을 빌려 줘도 괜찮겠습니까?

정답 ❷

콕콕 실전문제　　　　　　　　　　　　　　　　　　　　　　/ 9

問題 4

問題4では、えを見ながら質問を聞いてください。やじるし(→)の人は何と言いますか。
1から3の中から、最もよいものを一つえらんでください。

1ばん 🎧 4-02

2 ばん 🎧 4-03

3 ばん 🎧 4-04

4 ばん 🎧 4-05

5ばん 4-06

6 ばん 🎧 4-07

7 ばん 🎧 4-08

8 ばん 🎧 4-09

9ばん 4-10

스크립트 및 해석 콕콕 실전문제

1ばん

스크립트 🎧 4-02

飛行機がもうすぐ出発します。スチュワーデスはお客に何と言いますか。

女：1. お客様、今はお立ちになれません。
　　2. お客様、シートベルトをお外しください。
　　3. お客様、今お座りになっては困ります。

해석

비행기가 이제 곧 출발합니다. 스튜어디스는 승객에게 뭐라고 말합니까?

여 : 1. 고객님, 지금은 일어서실 수 없습니다.
　　2. 고객님, 안전벨트를 풀어 주세요.
　　3. 고객님, 지금 앉으시면 곤란합니다.

단어

飛行機 비행기 | もうすぐ 이제 곧 | 出発する 출발하다 | お客・お客様 손님 | 今 지금 | 立つ 서다 | シートベルト 안전벨트 | 外す 풀다, (자리를) 비우다 | 座る 앉다 | 困る 곤란하다

해설

비행기가 출발할 때 스튜어디스가 하는 말은 '서지 말고 앉아 있을 것', '안전벨트를 맬 것' 등이라는 말이다. 따라서 정답은 1번이다.

정답 ❶

2ばん

> スクリプト　🎧 4-03

家に隣の人が遊びに来ました。何と言いますか。

女：1. どうぞお上がりください。
　　2. 失礼します。
　　3. どうぞおっしゃってください。

> 해석

집에 이웃 사람이 놀러 왔습니다. 뭐라고 말합니까?

여：1. 어서 들어오세요.
　　2. 실례합니다.
　　3. 어서 말씀해 주세요.

> 단어

遊ぶ 놀다 ｜ 上がる 들어가다, 들어오다 ｜ 失礼 실례 ｜ おっしゃる 말씀하시다

> 해설

집에 손님이 오면 '어서 들어오세요'라고 인사를 하는 것이 맞는 표현이다. 따라서 정답은 1번이다.

정답 ①

3ばん

스크립트 🎧 4-04

ホテルの部屋のタオルが汚いです。ホテルの人に何と言いますか。

男：1. すみません。きれいなタオルに変えてみましょうか。
　　 2. すみません。きれいなタオルに変えていただけますか。
　　 3. すみません。きれいなタオルをお持ちになってください。

해석

호텔 방의 수건이 더럽습니다. 호텔 직원에게 뭐라고 말합니까?

남 : 1. 죄송합니다. 깨끗한 수건으로 바꾸어 볼까요?
　　 2. 죄송합니다. 깨끗한 수건으로 바꿔 주시겠어요?
　　 3. 죄송합니다. 깨끗한 수건을 지참해 주세요.

단어

ホテル 호텔 | 部屋 방 | タオル 수건 | 汚い 더럽다 | きれい 깨끗함 | 変える 바꾸다 | 持つ 가지다

해설

호텔 방의 수건이 더러울 때 호텔 직원에게 하는 말은 깨끗한 수건으로 바꿔 달라는 말이다. 3번은 수건을 들어 달라거나 소지해 달라는 뜻으로 답으로 적합하지 않다. 따라서 정답은 2번이다.

정답 ❷

4 ばん

> スクリプト 🎧 4-05

会社に電話して課長と話したいのですが、外出中だそうです。会社の人に何と言いますか。

女：1. 課長はいつお戻りになりますか。
　　2. 課長にお目にかかれて光栄です。
　　3. 課長に代わってください。

> 해석

회사에 전화해서 과장과 이야기하고 싶은데 외출 중이라고 합니다. 회사 사람에게 뭐라고 말합니까?

여：1. 과장님은 언제 돌아오세요?
　　2. 과장님을 만나 뵈서 영광입니다.
　　3. 과장님을 바꿔 주세요.

> 단어

電話する 전화하다 | 課長 과장 | 外出 외출 | 戻る 돌아오다 | お目にかかる 뵙다 | 光栄 영광임 | 代わる 바꾸다

> 해설

회사에 전화해서 과장과 이야기하고 싶은데 외출 중이라고 한다. 이때 회사 사람에게 할 말은 과장이 언제 돌아오는지 묻는 것이다. 따라서 1번이 정답이다.

정답 ❶

스크립트 및 해석 | 콕콕 실전문제

5ばん

스크립트 🎧 4-06

友だちの家に遊びに行きました。家に入る時、友だちに何と言いますか。

女：1. 今日もお疲れ様。
　　2. おかげさまで、ありがとう。
　　3. 今日もお邪魔するね。

해석

친구 집에 놀러 갔습니다. 집에 들어갈 때 친구에게 뭐라고 말합니까?

여：1. 오늘도 수고했어.
　　2. 덕분에 고마워.
　　3. 오늘도 실례할게.

단어

友だち 친구 | 家 집 | 遊ぶ 놀다 | 入る 들어가다 | ～時 ~때 | 今日 오늘 | お疲れ様 수고함 | お邪魔する 방문하다

해설

친구 집에 놀러 가서 집 안으로 들어갈 때 친구에게 하는 말은 실례한다는 뜻의 3번이다. 3번 대신에 「失礼します」를 사용해도 된다.

정답 ❸

6 ばん

スクリプト 4-07

急用ができて、約束の時間に遅れそうです。一緒に行く約束をしていた友だちに何と言いますか。

男：1. 悪いけど、先に行ってもらえるかな。
　　2. 悪いけど、お先に失礼してもいいかな。
　　3. 悪いけど、もう少し早く行ってもらえるかな。

해석

급한 일이 생겨서 약속 시간에 늦을 것 같습니다. 함께 갈 약속을 했던 친구에게 뭐라고 말합니까?

남：1. 미안하지만, 먼저 가 있어 줄래?
　　2. 미안하지만, 먼저 실례해도 될까?
　　3. 미안하지만, 조금 더 빨리 가 줄 수 있을까?

단어

急用 급한 일 | できる 생기다 | 約束 약속 | 時間 시간 | 遅れる 늦다 | 一緒に 함께 | 先 먼저 | 失礼 실례

해설

약속 시간에 늦을 것 같으니 먼저 가 달라고 부탁하고 있는 1번이 정답이다.

정답 ①

7ばん

스크립트 4-08

会社で会議のプレゼンテーションをしたいと思っています。何と言いますか。

男：1. ぜひ私にやってみせてください。
　　2. ぜひ私にやらせてください。
　　3. ぜひ私にやってもらってください。

해석

회사에서 회의 프레젠테이션을 하고 싶습니다. 뭐라고 말합니까?

남：1. 꼭 저에게 해 보여 주세요.
　　2. 꼭 제가 하게 해 주세요.
　　3. 꼭 저한테 해 달라고 해 주세요.

단어

会議 회의 | プレゼンテーション 프레젠테이션 | ぜひ 꼭 | やる 하다 | みせる 보이다 | ~(さ)せてください ~하게 해 주십시오 (허가를 겸손하게 요구하는 표현)

해설

회의 발표를 자신이 하겠다는 강한 의지를 볼 수 있는 2번이 정답이다. 좀 더 정중하게 말하고 싶다면「よろしければ私がいたします(괜찮으시다면 제가 하겠습니다)」라는 표현을 쓸 수 있다.

정답 ❷

8 ばん

스크립트  4-09

病気で会社の出張に行けなくなりました。他の人に行ってくれるように頼みたいです。何と言いますか。

男：1. 申し訳ございませんが、私の代わりに出張に行かせていただけますか。
　　2. 申し訳ございませんが、私の代わりに出張に行っていただけますか。
　　3. 申し訳ございませんが、私の代わりに出張に行かせてくださいませんか。

해석

아파서 회사 출장을 못 가게 되었습니다. 다른 사람에게 가 달라고 부탁하고 싶습니다. 뭐라고 말합니까?

남：1. 죄송하지만, 저 대신에 출장을 가게 해도 되겠습니까?
　　2. 죄송하지만, 저 대신에 출장을 가 주실 수 있습니까?
　　3. 죄송하지만, 저 대신에 출장을 가게 해 주시지 않겠습니까?

단어

病気 병 | 出張 출장 | 頼む 부탁하다 | 代わり 대신 | ～(さ)せていただけますか ～해도 되겠습니까? (허가를 겸손하게 요구하는 표현)

해설

자기 대신에 출장을 가 달라고 부탁하고 있는 2번이 정답이다. 정중하게 부탁할 때 「～ていただけますか」, 「～ていただけませんか」, 「～てくださいますか」, 「～てくださいませんか」라는 표현을 쓸 수 있다.

정답 ❷

스크립트 및 해석 | 콕콕 실전문제

9 ばん

スクリプト 🎧 4-10

コンビニのトイレで手を洗いたいです。何と言いますか。

女：1. お手洗いをお借りしてもいいですか。
　　2. お手洗いをお貸ししてもいいですか。
　　3. お手洗いを拝見してもいいですか。

해석

편의점 화장실에서 손을 씻고 싶습니다. 뭐라고 말합니까?

여：1. 화장실을 빌려도 될까요?
　　2. 화장실을 빌려 줘도 될까요?
　　3. 화장실을 봐도 될까요?

단어

コンビニ 편의점 | トイレ 화장실 | 洗う 씻다 | お手洗い 화장실 | 借りる 빌리다 | 貸す 빌려 주다 | 拝見 배견, 삼가 봄

해설

타인의 화장실을 사용해야 할 경우 우리나라에서도 '화장실 좀 빌릴게요'라는 표현을 쓰듯이 일본에서도 1번의 문장을 사용한다. 정답은 1번이다.

정답 ❶

Memo

5 | 문제 5 즉시 응답 공략하기

문제 유형 분석

짧은 문장을 듣고 적절한 답을 즉각적으로 고를 수 있는지를 묻는다. 예상 문제 수는 9문제이며, 약 6분의 시간이 소요될 것으로 예상된다.

문제 풀이 비법

1. 문제의 흐름은 「짧은 문장 듣기 ➡ 선택지 고르기」의 순서로 진행된다. 선택지는 인쇄되어 있지 않으며 음성으로만 들려준다.

2. 문제는 일대일 대화의 형태이며, 문제 유형에서도 알 수 있듯이 문제에 즉각적인 응답을 할 수 있는지를 평가하므로, 문제의 진행 속도가 빠를 것으로 예상된다.

3. 즉시 응답은 문제 속도가 빠르므로 들으면서 바로 판단해서 정답을 고른다. 문제를 놓쳤더라도 그 다음 문제에 집중해야 한다. 그렇지 않으면 다음 문제도 놓치는 실수를 범하게 된다.

4. 문제의 주제는 일상생활에서 사용되는 짧은 대화로 난이도 면에서는 높지 않을 것으로 예상한다. 인사말이나 관용 표현을 익혀 두면 문제를 쉽게 풀 수 있다.

問題 5

問題 5 では、問題用紙に何もいんさつされていません。まず文を聞いてください。それから、そのへんじを聞いて、1 から 3 の中から、最もよいものを一つえらんでください。

れい 5-01

－ メモ －

| 스크립트 및 해석 | 예제 |

れい

스크립트  5-01

女 : 何をしていたんですか。

男 : 1. コーヒーを飲むつもりです。
　　 2. コーヒーを飲んでいたところです。
　　 3. コーヒーを飲みたがっています。

해석

여 : 무엇을 하고 있었습니까?

남 : 1. 커피를 마실 작정입니다.
　　 2. 커피를 마시고 있던 참입니다.
　　 3. 커피를 마시고 싶어 하고 있습니다.

정답 ❷

콕콕 실전문제　　　　　　　　　　　　　　　　　　　　　　　　/ 29

もんだい
問題 5　🎧 5-02~30

問題5では、問題用紙に何もいんさつされていません。まず文を聞いてください。それから、そのへんじを聞いて、1から3の中から、最もよいものを一つえらんでください。

－ メモ －

스크립트 및 해석 콕콕 실전문제

1ばん

스크립트 🎧 5-02

男：お母さん、子供扱いはもうやめてくれよ。

女：1. そんなに若く見えたいの？
　　2. 気をつけて扱ってね。
　　3. 私から見れば、大学生でもまだ子供よ。

해석

남 : 엄마, 애 취급은 이제 그만둬 줘.

여 : 1. 그렇게 젊어 보이고 싶어?
　　2. 조심해서 다뤄야 해.
　　3. 내 입장에서 보면 대학생이라도 아직 애야.

단어

子供扱い 어린아이 취급 | もう 이제 | やめる 그만두다 | 若い 젊다 | 見える 보이다 | 気をつける 신경 쓰다 | 扱う 취급하다 | ～から見れば ～에서 보면 | 大学生 대학생

해설

아들이 엄마에게 어린애 취급은 더 이상 하지 말라고 하자, 엄마 입장에서 보면 대학생이라도 아직 애 같다고 대답하고 있는 3번이 정답이다. 「～から見れば(～으로 보면)」는 앞에 명사가 온다. 「～から見て」로도 바꿔 쓸 수 있다. 「西洋人の目から見れば～」는 '서양인의 눈에서 보면'이라는 뜻이다.

정답 ❸

2 ばん

스크립트 🎧 5-03

女 : お茶でもいかがですか。

男 : 1. いただきます。
　　 2. ごちそうさま。
　　 3. 遠慮なくどうぞ。

해석

여 : 차라도 어떠세요?

남 : 1. 잘 먹겠습니다.
　　 2. 잘 먹었습니다.
　　 3. 사양하지 마시고 어서 드세요.

단어

お茶 차 | ～でもいかがですか ~라도 어떻습니까? | ごちそうさま 잘 먹었습니다 | 遠慮 사양함

해설

여자가 차를 드시겠냐고 묻고 있으므로 정답은 잘 먹겠다고 대답하고 있는 1번이 된다. 2번은 차나 식사를 마신 후의 대답이며, 3번은 차를 대접하는 사람의 말이다.

정답 ①

스크립트 및 해석 | 콕콕 실전문제

3 ばん

スクリプト 🎧 5-04

男：郵便局はここから遠いですか。

女：1. そこの角を右に曲がってください。
　　2. 今行けば間に合いますよ。
　　3. 車で行くなら近いですよ。

해석

남 : 우체국은 여기에서 멉니까?

여 : 1. 그 모퉁이를 오른쪽으로 도세요.
　　2. 지금 가면 늦지 않을 거예요.
　　3. 차로 가면 가까워요.

단어

郵便局 우체국 | 遠い 멀다 | 角 모퉁이 | 右 오른쪽 | 曲がる 돌다 | 間に合う 시간에 늦지 않게 대다 | 近い 가깝다

해설

현재 위치에서 우체국까지의 거리를 묻고 있으므로 차로 가면 가깝다고 대답한 3번이 정답이다. 1번은 방향에 대한 대답이므로 맞지 않다.

정답 ❸

4 ばん

> スクリプト  5-05

女：新しく買ったコンピューターの調子はどうですか。

男：1. しょうがないですね。
　　2. なかなかいいですよ。
　　3. 体の調子は悪くないですよ。

> 해석

여 : 새로 산 컴퓨터 상태는 어때요?

남 : 1. 어쩔 수 없군요.
　　2. 꽤 좋아요.
　　3. 몸 상태는 나쁘지 않아요.

> 단어

コンピューター 컴퓨터 | 調子 상태 | しょうがない 도리가 없다, 어쩔 수 없다 | なかなか 꽤, 상당히 | 体 몸

> 해설

여자가 새로 산 컴퓨터 상태를 묻고 있으므로 상당히 좋다고 대답한 2번이 정답이다.

정답 ❷

스크립트 및 해석 — 콕콕 실전문제

5 ばん

스크립트 🎧 5-06

女：思うように、よい成績がとれなくて、くやしいわ。

男：1. 次にがんばればいいよ。
　　2. 本当に悪いね。
　　3. うらやましくて仕方がないよ。

해석

여 : 생각처럼 좋은 성적이 안 나와서 속상해.

남 : 1. 다음에 열심히 하면 돼.
　　2. 정말로 미안해.
　　3. 정말로 부럽네.

단어

思う 생각하다 | いい 좋다 | 成績 성적 | とる 얻다, 따다 | くやしい 분하다 | 次に 다음에 | がんばる 열심히 하다 | 本当に 정말로 | 悪い 나쁘다, 미안하다 | うらやましい 부럽다 | 仕方がない 어쩔 수 없다

해설

여자가 생각처럼 좋은 성적이 안 나와서 속상하다고 하므로 다음에 열심히 하면 된다고 위로하고 있는 1번이 정답이다.

정답 ❶

6ばん

> スクリプト 🎧 5-07

男：目が悪くなって、文字が読みづらいんだ。

女：1. 私も仕事がつらいの。
　　2. じゃあ、眼鏡をかけてみたら？
　　3. もう少し日本語の勉強をしなさい。

> 해석

남 : 눈이 나빠져서 글자를 읽기 어려워.

여 : 1. 나도 일이 힘들어.
　　2. 그럼, 안경을 써 보는 게 어때?
　　3. 좀 더 일본어 공부를 해.

> 단어

目 눈 | 悪い 나쁘다 | 文字 글자 | 読みづらい 읽기 어렵다 | つらい 괴롭다 | 眼鏡 안경 | かける 쓰다, 걸치다 | もう少し 조금 더 | 日本語 일본어 | 勉強 공부

> 해설

남자가 눈이 나빠져서 글자를 읽기 어렵다고 말하므로 안경을 써 보라고 말하고 있는 2번이 어울리는 답이다. 「동사 ます형+づらい」는 '~하기 어렵다, ~하기 힘들다'는 뜻이다. 「ステーキがかたくて食べづらい」는 '스테이크가 딱딱해서 먹기 어렵다'는 뜻이다.

정답 ❷

7ばん

스크립트 🎧 5-08

男：ここで待っていてもかまいませんか。

女：1. はい、そちらで待たせてください。
　　2. はい、そちらにおかけください。
　　3. はい、待ってもらってください。

해석

남 : 여기에서 기다리고 있어도 상관없습니까?

여 : 1. 네, 그쪽에서 기다리게 하세요.
　　2. 네, 그쪽에 앉으세요.
　　3. 네, 기다려 달라고 하세요.

단어

待つ 기다리다 | かまう 상관하다 | かける 앉다

해설

여기서 기다리고 있어도 되느냐고 묻는 남자에게 그쪽에 앉으라고 대답하고 있는 2번이 정답이다.

정답 ❷

8 ばん

스크립트  5-09

女：夏休みも残すところ、あとわずかになったね。

男：1. まだどこにも行ってないのに。
　　2. だから、何も残すなって言ったのに。
　　3. そんなところまで行ってきたの？

해석

여 : 여름방학도 얼마 안 남았네.

남 : 1. 아직 아무 데도 안 갔는데.
　　2. 그러니까 아무것도 남기지 말라고 했는데.
　　3. 그런 데까지 갔다 왔어?

단어

夏休み 여름방학 | 残す 남기다 | あと 앞으로 | わずか 얼마 안 됨 | 何も 아무것도

해설

여자가 여름방학이 며칠 안 남았다고 말하고 있으므로 아직 아무 데도 가지 않았다며 안타까워하고 있는 1번이 적절한 답이다. 「동사의 기본형 + ところ」는 '~한 바'라는 뜻이다. 「聞くところによると~」는 '들은 바에 의하면 ~'이라는 뜻이다.

정답 ①

스크립트 및 해석 **콕콕 실전문제**

9ばん

스크립트 5-10

男 : もう秋ですね。

女 : 1. 春もそろそろ終わりですよ。
2. 風が涼しいですものね。
3. まだまだ涼しいですよ。

해석

남 : 벌써 가을이네요.

여 : 1. 봄도 슬슬 끝이에요.
2. 바람이 시원하거든요.
3. 아직 시원해요.

단어

もう 벌써 | 秋 가을 | 春 봄 | そろそろ 슬슬 | 終わり 끝 | 風 바람 | 涼しい 시원하다 | まだまだ 아직

해설

벌써 가을이라는 남자의 말에 바람이 시원하다고 호응하는 2번이 정답이다. 여기서 「~もの」는 감탄, 자신의 판단 강조로 해석할 수 있다.

정답 ❷

10 ばん

> スクリプト　🎧 5-11

女：明日からまた仕事が多くて大変ですよ。

男：1. そんなに変なんですか。
　　2. また連休ですか。
　　3. また徹夜ですか。

> 해석

여 : 내일부터 또 일이 많아서 큰일이에요.

남 : 1. 그렇게 이상합니까?
　　2. 또 연휴예요?
　　3. 또 밤샘입니까?

> 단어

明日 내일 | 仕事 일 | 大変 힘듦, 큰일 | そんなに 그렇게 | 変 이상함 | 連休 연휴 | 徹夜 철야, 밤샘

> 해설

여자가 내일부터 또 일이 많아서 힘들다고 하자, 일이 많아서 또 밤을 새야 하냐고 묻는 3번이 적절한 답이다.

정답 ③

스크립트 및 해석 | 콕콕 실전문제

11 ばん

スクリプト 5-12

男 : あの、この財布落としましたか。

女 : 1. まあ、落としたの気づきませんでした。
　　2. 拾ってさしあげたんですか。
　　3. 財布は見つかりませんでした。

해석

남 : 저기, 이 지갑 떨어뜨리셨습니까?

여 : 1. 어머, 떨어뜨린 줄 몰랐어요.
　　2. 주워 드린 거예요?
　　3. 지갑은 발견되지 않았어요.

단어

財布 지갑 | 落とす 떨어뜨리다, 잃어버리다 | まあ 놀라거나 뜻밖의 일을 당했을 때 내는 소리, 어머, 어머나 | 気づく 눈치채다 | 拾う 줍다 | さしあげる 드리다 | 見つかる 발견되다

해설

남자가 여자에게 지갑을 떨어뜨렸는지를 물었으므로, 떨어뜨린 것을 눈치 못 챘다고 대답하고 있는 1번이 정답이다.

정답 ❶

12 ばん

> スク립트 🎧 5-13

女: 先生に怒られてしまいました。

男: 1. それはお気の毒に。
　　2. それはよかったですね。
　　3. そんなに大変なんですか。

> 해석

여: 선생님께 혼났어요.

남: 1. 그것 참 안됐네요.
　　2. 그것 참 잘됐네요.
　　3. 그렇게 힘듭니까?

> 단어

怒る 화내다 | 気の毒 가엾음, 불쌍함

> 해설

선생님한테 혼났다는 사람에게는 그거 참 안됐다고 위로하는 것이 어울린다. 1번이 정답이다.

정답 ①

| 스크립트 및 해석 | **콕콕 실전문제**

13 ばん

스크립트 🎧 5-14

男：ホテルの予約はしましたか。

女：1. 忘れずに予約を入れてください。
　　2. あ、忘れていました。
　　3. 忘れないでください。

해석

남：호텔 예약은 했습니까?

여：1. 잊지 말고 예약을 해 주세요.
　　2. 아, 잊고 있었어요.
　　3. 잊지 마세요.

단어

ホテル 호텔 | 予約 예약 | 忘れる 잊다 | ～ずに ～하지 말고, ～하지 않고 | 予約を入れる 예약을 하다 | ～ないでください ～하지 말아 주세요

해설

남자가 호텔 예약을 했는지를 묻고 있으므로 예약하는 것을 잊어버리고 있었다고 대답한 2번이 정답이다.

정답 ❷

14 ばん

스크립트 🎧 5-15

女：部屋の電気がまだ付いていますが。

男：1. 電気の無駄遣いはやめました。
　　2. 開けっぱなしはよくないですね。
　　3. 誰かまだいるんでしょうか。

해석

여 : 방에 불이 아직 켜져 있는데요.

남 : 1. 전기 낭비는 그만뒀습니다.
　　 2. 연 채로 두는 것은 좋지 않네요.
　　 3. 누군가 아직 있는 걸까요?

단어

部屋 방 | 電気が付く 전기가 켜지다 | 無駄遣い 낭비, 허비 | やめる 끊다, 중지하다 | 開けっぱなし 연 채로 둠

해설

여자가 방에 아직 불이 켜져 있다고 했으므로 누가 아직 있기 때문에 켜져 있는 것 아니냐고 대답한 3번이 정답이다.

정답 ❸

스크립트 및 해석 콕콕 실전문제

15 ばん

스크립트 🎧 5-16

男：どうしたの？顔色がよくないよ。

女：1. うん、心配事があって。
　　2. お化粧をがんばったの。
　　3. 夕べぐっすり寝たわ。

해석

남：무슨 일이야? 안색이 안 좋아.

여：1. 응, 걱정되는 일이 있어서.
　　2. 화장에 힘썼어.
　　3. 어젯밤에는 푹 잤어.

단어

顔色 안색, 얼굴빛 | 心配事 걱정거리 | 化粧 화장 | がんばる 노력하다, 힘쓰다 | 夕べ 어젯밤 | ぐっすり 깊은 잠을 자는 모양, 푹 | 寝る 자다

해설

남자가 여자의 안색이 안 좋아 보여서 무슨 일이 있냐고 묻고 있으므로 걱정이 있다고 대답하고 있는 1번이 적절하다.

정답 ❶

16 ばん

스크립트  5-17

男：セールをしても、客が来なくなったら終わりですよ。

女：1. じゃあ、家に帰っていいんですね？
　　2. いつ終わりにするんですか。
　　3. そんなの考えたくもないですね。

해석

남：세일을 해도 손님이 오지 않으면 끝이에요.

여：1. 그럼, 집에 돌아가도 되죠?
　　2. 언제 끝나요?
　　3. 그런 거 생각하고 싶지도 않네요.

단어

セール 세일 | 客 손님 | 来る 오다 | 終わり 끝 | 帰る 돌아가다 | 考える 생각하다

해설

세일을 해도 손님이 오지 않으면 끝이라고 말하자 그런 일은 생각도 하기 싫다고 대답하고 있는 3번이 적절하다.

정답 ❸

스크립트 및 해석 콕콕 실전문제

17 ばん

スクリプト 🎧 5-18

男：こんなに暑いと今夜も眠れないかもしれませんね。

女：1. お湯でも沸かしたらどうですか。
　　2. シャワーでも浴びたらどうですか。
　　3. ティーシャツでも乾かしたらどうですか。

해석

남 : 이렇게 더우면 오늘 밤도 잠을 못 잘지도 모르겠네요.

여 : 1. 따뜻한 물이라도 끓이면 어떨까요?
　　2. 샤워라도 하면 어떨까요?
　　3. 티셔츠라도 말리면 어떨까요?

단어

暑い 덥다 | 今夜 오늘 밤 | 眠る 자다 | お湯 끓인 물, 더운물 | 沸かす 끓이다 | シャワーを浴びる 샤워를 하다 | ティーシャツ 티셔츠 | 乾かす 말리다

해설

더워서 오늘 밤도 못 자겠다고 말하는 남자에게 샤워라도 하는 게 어떠냐고 제안하고 있는 2번이 정답이다.

정답 ❷

18 ばん

> スクリプト 5-19

女 : とうとう試験の日が来ましたね。

男 : 1. ついに始まったって感じですね。
　　 2. 堂々と歩いてください。
　　 3. どうしようもないですね。

> 해석

여 : 드디어 시험 날이 왔네요.

남 : 1. 마침내 시작되었다는 느낌이네요.
　　 2. 당당하게 걸어 주세요.
　　 3. 어쩔 수 없네요.

> 단어

とうとう 드디어, 마침내 | 試験の日 시험 날 | ついに 마침내, 드디어 | 始まる 시작되다 | 感じ 느낌 | 堂々と 당당하게 | 歩く 걷다 | どうしようもない 어쩔 수 없다

> 해설

드디어 시험 날이라는 여자에게, 마침내 시작 같은 기분이 든다고 한 1번이 정답이다.

정답 ①

스크립트 및 해석 | 콕콕 실전문제

19 ばん

스크립트 🎧 5-20

男：何をびっくりしているんですか。

女：1. 何も知りませんでした。
　　2. 今台所の方でゴキブリを見かけたんです。
　　3. びっくりすると、お腹が痛くなるんです。

해석

남：뭘 놀라고 있어요?

여：1. 아무것도 몰랐어요.
　　2. 지금 부엌 쪽에서 바퀴벌레를 봤어요.
　　3. 깜짝 놀라면 배가 아파져요.

단어

びっくりする 깜짝 놀라다 | 知る 알다 | 台所 부엌 | ゴキブリ 바퀴벌레 | 見かける 눈에 띄다, (언뜻) 보다 | お腹 배 | 痛い 아프다

해설

여자가 놀라는 것을 보고 남자가 뭘 놀라고 있느냐고 묻고 있으므로 부엌 쪽에서 바퀴벌레를 봤다고 대답한 2번이 정답이다.

정답 ❷

20 ばん

> スクリプト　🎧 5-21

女：あの、私が送ったメール、チェックなさいましたか。

男：1. 電話したけど、返事がありませんでしたよ。
　　2. 実はあの人からのメールを待っているんです。
　　3. え？すでに返事を出しましたよ。

> 해석

여 : 저기, 제가 보낸 메일 체크하셨어요?

남 : 1. 전화했는데 대답이 없었습니다.
　　2. 실은 그 사람으로부터의 메일을 기다리고 있습니다.
　　3. 네? 이미 답장을 보냈습니다.

> 단어

送る 보내다 | メール 메일, 전자 메일 | チェック 체크 | なさる 하시다 | 電話 전화 | 返事 답장 | 実は 실은, 사실은 | すでに 이미 | 出す 보내다, 부치다

> 해설

여자가 자신이 보낸 메일을 확인했느냐고 묻고 있으므로 이미 답장을 보냈다고 대답한 3번이 정답이다.

정답 ❸

스크립트 및 해석 콕콕 실전문제

21 ばん

스크립트 🎧 5-22

女：明日、試験が終わったら映画を見に行きませんか。

男：1. 試験をひかえているのに、遊んでいいんですか。
　　2. 映画なんて久しぶりですね。
　　3. 試験の結果が知りたいですね。

해석

여 : 내일, 시험이 끝나면 영화 보러 안 갈래요?

남 : 1. 시험을 앞두고 있는데 놀아도 돼요?
　　2. 영화라니 오랜만이네요.
　　3. 시험 결과를 알고 싶네요.

단어

明日 내일 | 試験 시험 | 終わる 끝나다 | 映画 영화 | 見る 보다 | ひかえる 앞두다 | 遊ぶ 놀다 | 久しぶり 오랜만 | 結果 결과 | 知る 알다

해설

여자가 내일 시험이 끝나면 영화를 보러 가자고 제안하고 있으므로 영화가 오랜만이라고 대답한 2번이 어울리는 대답이다.

정답 ❷

22 ばん

스크립트 🎧 5-23

男：飲み物は何になさいますか。

女：1. アイスコーヒーをいただけますか。
　　2. お茶をお召し上がりください。
　　3. ウーロン茶にした方がいいですよ。

해석

남 : 음료는 무엇으로 하시겠습니까?

여 : 1. 아이스 커피를 주시겠어요?
　　2. 차를 드세요.
　　3. 우롱차로 하는 게 좋아요.

단어

飲み物 음료 | アイスコーヒー 아이스 커피 | お茶 차 | 召し上がる 드시다 | ウーロン茶 우롱차 | ～た方がいい ～하는 게 좋다

해설

남자가 음료는 뭐로 하겠냐고 물었으므로 아이스 커피를 달라고 한 1번이 답이다. 무엇을 달라고 할 때 「～をいただけますか」는 정중하게 말할 때 많이 사용되는 표현이다. 3번은 해석하면 '우롱차로 하는 게 좋겠다'가 되는데, 상대방에게 이렇게 하면 좋겠다고 조언할 때 사용하는 문장이므로 답으로 적합하지 않다.

정답 ❶

스크립트 및 해석 | 콕콕 실전문제

23 ばん

스크립트 🎧 5-24

女：武田さんからの連絡は、まだですか。

男：1. すみません。私がお持ちします。
　　2. すみません。連絡が来たら、すぐお呼びします。
　　3. すみません。ご迷惑おかけしました。

해석

여 : 다케다 씨한테 연락은 아직인가요?

남 : 1. 죄송합니다. 제가 들겠습니다.
　　2. 죄송합니다. 연락이 오면 바로 호출하겠습니다.
　　3. 죄송합니다. 폐를 끼쳤습니다.

단어

～からの ~로부터의 | 連絡 연락 | 持つ 가지다, 들다 | すぐ 바로 | 呼ぶ 부르다 | ご迷惑をかける 폐를 끼치다

해설

여자가 다케다 씨한테 연락이 아직 안 왔냐고 묻고 있으므로, 연락이 오면 바로 부르겠다고 말하고 있는 2번이 정답이다.

정답 ❷

24 ばん

> 스크립트 🎧 5-25

女 : パーティーの準備はどうなっていますか。

男 : 1. しっかりしてください。
　　 2. ちゃんとできてますよ。
　　 3. もちろんです。

> 해석

여 : 파티 준비는 어떻게 되고 있어요?

남 : 1. 정신 차리세요.
　　 2. 잘되고 있습니다.
　　 3. 물론입니다.

> 단어

パーティー 파티 | 準備 준비 | しっかり 똑똑히, 정신 차려서 | ちゃんと 틀림없이, 착실하게, 충분히 | できる 되다 | もちろん 물론

> 해설

여자가 남자에게 파티 준비가 잘되고 있는지를 묻고 있으므로 잘되고 있다고 대답한 2번이 정답이다.

정답 ❷

스크립트 및 해석 | 콕콕 실전문제

25 ばん

スクリプト 🎧 5-26

男：今日も雨ですね。

女：1. 昨日も晴れだったんですけどね。
　　2. そうでしたね。
　　3. 明日は晴れるそうですよ。

해석

남 : 오늘도 비네요.

여 : 1. 어제도 맑았었는데.
　　2. 그랬죠.
　　3. 내일은 날씨가 갠다고 하네요.

단어

今日 오늘 | 雨 비 | 昨日 어제 | 晴れ 맑음 | 明日 내일 | 晴れる 날씨가 개다 | ～そうだ ~라고 한다

해설

남자가 오늘도 비가 내린다고 하자, 내일은 날씨가 맑아진다는 얘기를 들었다고 대답하고 있는 3번이 정답이다.

정답 ❸

26 ばん

스크립트 🎧 5-27

女：レポートは明日までに出してください。

男：1. えー？ もう出してしまったんですか。
　　2. えー？ そんなに早くですか。
　　3. えー？ まだなんですか。

해석

여 : 리포트는 내일까지 제출해 주세요.

남 : 1. 네? 벌써 제출했습니까?
　　2. 네? 그렇게 일찍 말입니까?
　　3. 네? 아직입니까?

단어

レポート 리포트, 보고서 ｜ ～までに ~까지(는) ｜ 出す 내다, 제출하다

해설

리포트를 내일까지 제출하라는 여자의 말에, 그렇게 빨리 내야 하느냐고 놀라고 있는 2번이 정답이다.

정답 ❷

스크립트 및 해석 콕콕 실전문제

27 ばん

스크립트 5-28

男 : おいしいお茶、ごちそうさまでした。

女 : 1. お口に合いましたかどうか。
　　2. ではまた。
　　3. けっこうなお茶でしたよね。

해석

남 : 맛있는 차, 잘 마셨습니다.

여 : 1. 입맛에 맞으셨는지 어떠신지.
　　2. 그럼 또 뵙겠습니다.
　　3. 괜찮은 차였죠?

단어

おいしい 맛있다 | お茶 차 | ごちそうさまでした 잘 먹었습니다 | 口に合う 입맛에 맞다 | ～かどうか ～인지 어떤지 | けっこう 훌륭함, 좋음

해설

차를 잘 마셨다고 인사하는 것이므로 입맛에 잘 맞았는지를 묻는 1번이 적절한 답이다. 정말로 입맛에 잘 맞았는지 궁금해서 물어본 것일 수도 있고, 그냥 인사말로 말한 것일 수도 있다. 대부분 후자인 경우가 많다.

정답 ❶

28 ばん

> **스크립트** 5-29

女：テレビの故障の原因は何かわかりますか。

男：1. もう少しで終わります。

　　2. さあー。

　　3. わかってください。

> **해석**

여 : 텔레비전 고장 원인이 무엇인지 아시겠어요?

남 : 1. 조금 더 있으면 끝납니다.
　　2. 글쎄요.
　　3. 알아 주세요.

> **단어**

テレビ 텔레비전 | 故障 고장 | 原因 원인 | わかる 알다 | もう少し 조금 더 | 終わる 끝나다 | さあ 판단을 망설이거나 대답을 피할 때 하는 소리, 글쎄

> **해설**

텔레비전이 고장 난 원인을 알겠느냐는 질문에 글쎄요라고 대답하고 있는 2번이 정답이다.

정답 ❷

스크립트 및 해석 | 콕콕 실전문제

29 ばん

스크립트 🎧 5-30

男：先生、これから研究室の方に伺ってもかまいませんか。

女：1. ごめんね。これから会議があるの。
　　2. 用件がないなら、後で来て。
　　3. じゃあ、よろしくね。

해석

남 : 선생님, 지금 연구실로 찾아봬도 될까요?

여 : 1. 미안해. 지금부터 회의가 있어.
　　2. 용건이 없으면 나중에 와.
　　3. 그럼, 부탁할게.

단어

先生 선생님 | これから 이제부터, 앞으로 | 研究室 연구실 | 伺う 찾아뵙다 | 会議 회의 | 用件 용건 | 後で 나중에

해설

남자가 지금 선생님 연구실을 방문하겠다고 말하고 있으므로, 지금부터 회의가 있어서 안 된다고 미안해하고 있는 1번이 적절한 답이다.

정답 ①

Memo

Part 3

점수를 UP시키는
N3 청해

N3 청해
실전 공략하기

1. 파이널 테스트
2. 파이널 테스트 스크립트
3. 파이널 테스트 정답
4. 해답용지

일본어 능력시험 청해 N3 파이널 테스트 ①

問題 1

問題 1 では、まず質問を聞いてください。それから話を聞いて、問題用紙の 1 から 4 の中から、最もよいものを一つえらんでください。

1 ばん 6-01

1 女の人の口座に送金する
2 女の人の連絡先を教えてもらう
3 出張に行く準備をする
4 現金がないので銀行に行く

2 ばん 6-02

1 400円
2 450円
3 550円
4 650円

3ばん 🎧 6-03

1 澤田さんに電話をする
2 トイレで財布を探してみる
3 トイレにあるものを片付ける
4 香苗さんに澤田さんの電話番号を教えてあげる

4ばん 🎧 6-04

1 研究室のほこりを拭く
2 窓を開けておく
3 ファックスに紙を入れる
4 ファックスを掃除する

5ばん 🎧 6-05

1 アルバムをトランクに載せる
2 車の状態をチェックする
3 車の混まない時間をチェックする
4 女の人を車に乗せる

6ばん 🎧 6-06

1 薬局に行く
2 受付で薬の飲み方を聞く
3 薬を飲む
4 受付で来週の予約を取る

問題2

問題2では、まず質問を聞いてください。そのあと、問題用紙を見てください。読む時間があります。それから話を聞いて、問題用紙の1から4の中から、最もよいものを一つえらんでください。

1ばん 6-07

1　2時40分
2　3時10分
3　3時30分
4　3時40分

2ばん 6-08

1　ホラー映画
2　家族映画
3　恋愛映画
4　コメディー映画

3ばん 🎧 6-09

1 会社でちゃんとあいさつをすること
2 年末には仕事をしないこと
3 会社に遅れないこと
4 社長に嫌な顔をすること

4ばん 🎧 6-10

1 友だちが結婚式を挙げるから
2 友だちが着ているドレスを見てあげないといけないから
3 友だちが着るドレスを選んであげないといけないから
4 前から夕食の約束をしてあったから

5ばん 🎧 6-11

1 地震で電車が壊れたから
2 地震がまた起きるといっているから
3 電車を直しているから
4 地震で線路が壊れているから

6ばん 🎧 6-12

1 高さが部屋に合わないこと
2 色が他の家具と合わないこと
3 色が部屋の壁の色と合わないこと
4 色が明るすぎること

問題3 🎧 6-13~15

問題3では、問題用紙に何もいんさつされていません。この問題はぜんたいとしてどんなないようかを聞く問題です。話の前に質問はありません。まず話を聞いてください。それから、質問とせんたくしを聞いて、1から4の中から、最もよいものを一つえらんでください。

- メモ -

問題 4

問題4では、えを見ながら質問を聞いてください。やじるし (→) の人は何と言いますか。1から3の中から、最もよいものを一つえらんでください。

1ばん 6-16

2ばん 🎧 6-17

3 ばん 6-18

4 ばん 🎧 6-19

問題 5 　6-20~28

問題5では、問題用紙に何もいんさつされていません。まず文を聞いてください。それから、そのへんじを聞いて、1から3の中から、最もよいものを一つえらんでください。

－ メモ －

일본어 능력시험 청해 N3 파이널 테스트 ❷

問題 1

問題1では、まず質問を聞いてください。それから話を聞いて、問題用紙の1から4の中から、最もよいものを一つえらんでください。

1ばん

1 社内食堂に行く
2 薬を買いに薬局に行く
3 病院に行く
4 散歩をしに公園に行く

2ばん

1 映画館で映画の時間を確認する
2 図書館に電話する
3 図書館に行く
4 映画の時間を電話で確認する

3ばん 🎧 7-03

1 白井さんに電話して人数を知らせる
2 家族の中で牛肉が食べられない人がいるかチェックする
3 白井さんの家の住所をチェックする
4 白井さんに食べたいメニューを知らせるEメールを送る

4ばん 🎧 7-04

1 コンビニ
2 ピアノ教室
3 文房具屋
4 スーパー

5 ばん 🎧 7-05

1　1,060円
2　1,120円
3　2,120円
4　2,350円

6 ばん 🎧 7-06

1　木田さんの奥さんに電話をする
2　近所で木田さんの奥さんを探してみる
3　木田さんの奥さんに手紙を書く
4　フランスの電話番号を探してみる

問題2

問題2では、まず質問を聞いてください。そのあと、問題用紙を見てください。読む時間があります。それから話を聞いて、問題用紙の1から4の中から、最もよいものを一つえらんでください。

1ばん 🎧 7-07

1　午前中
2　午後3時
3　午後6時
4　午後8時

2ばん 🎧 7-08

1　家が暗くて怖いから
2　家が駅から遠いところにあるから
3　駅の近くに新しいスーパーができたから
4　会社の仕事が大変だから

3ばん 🎧 7-09

1 おにぎりを家で作ってくる
2 会場の前でおにぎりセットを食べる
3 会場の中でおにぎりセットを食べる
4 手作りのおにぎりとうどんを会場で食べる

4ばん 🎧 7-10

1 家に帰って試験の結果を知らせる
2 お昼を食べに家に帰る
3 友だちと映画を見に行く
4 お昼を食べに行く

5ばん 🎧 7-11

1 大家さんとけんかをしたから
2 生活費が足りないから
3 家の台所がこわれたから
4 実家のお風呂場がこわれたから

6ばん 🎧 7-12

1 ピアノの先生
2 ピアノ教室の知り合い
3 ピアノの先生の知り合い
4 レンタル屋さん

問題3 🎧 7-13~15

問題3では、問題用紙に何もいんさつされていません。この問題はぜんたいとしてどんなないようかを聞く問題です。話の前に質問はありません。まず話を聞いてください。それから、質問とせんたくしを聞いて、1から4の中から、最もよいものを一つえらんでください。

― メモ ―

問題 4

問題 4 では、えを見ながら質問を聞いてください。やじるし (→) の人は何と言いますか。1 から 3 の中から、最もよいものを一つえらんでください。

1 ばん 🎧 7-16

2 ばん 7-17

3 ばん 7-18

4 ばん 7-19

問題5 🎧 7-20~28

問題5では、問題用紙に何もいんさつされていません。まず文を聞いてください。それから、そのへんじを聞いて、1から3の中から、最もよいものを一つえらんでください。

－ メモ －

일본어 능력시험 청해 N3 파이널 테스트 ③

問題 1

問題1では、まず質問を聞いてください。それから話を聞いて、問題用紙の1から4の中から、最もよいものを一つえらんでください。

1ばん

1　眼鏡屋さんで新しい眼鏡を買う
2　家に帰って、ゲーム機を隠す
3　薬局に目薬を買いに行く
4　目がかゆいので、検査をもう一度する

2ばん

1　ペットボトル工作を始める
2　カッターを先生のところに持っていく
3　自分の席に静かに座る
4　机の上の物をかばんに入れる

3ばん 🎧 8-03

1 二週目の金曜日と三週目の金曜日
2 二週目の金曜日と四週目の金曜日
3 二週目の金曜日と三週目の月曜日
4 四週目の金曜日

4ばん 🎧 8-04

1 ホームページで本の買い取りを申し込む
2 買い取らない本のリストをチェックする
3 宅配サービスを申し込む
4 書店に本を持っていく

5ばん 🎧 8-05

1 写真館に電話する
2 写真館で写真を撮る
3 押し入れから冬物の洋服を出す
4 パスポートを作りに出かける

6ばん 🎧 8-06

1 キムチを買いにスーパーに行く
2 キムチチャーハンを作ってみる
3 チャーハンを買いにスーパーに行く
4 キムチラーメンを買いにスーパーに行く

問題2

問題2では、まず質問を聞いてください。そのあと、問題用紙を見てください。読む時間があります。それから話を聞いて、問題用紙の1から4の中から、最もよいものを一つえらんでください。

1ばん 8-07

1 ケーキのろうそくの火を消せなかったから
2 誕生日なのにお兄さんとけんかしたから
3 マッチに火をつけられなかったから
4 願い事をするのを忘れたから

2ばん 8-08

1 飛行機が故障しているから
2 飛行機の機長が遅刻しているから
3 空で飛行機が渋滞しているから
4 荷物が重すぎて降ろさないといけないから

3 ばん 🎧 8-09

1 楽しいイベントがたくさんあるから
2 アニメロボットが動いているように見えるから
3 アニメロボットと写真を撮るイベントがあるから
4 アニメロボットが本物そっくりだから

4 ばん 🎧 8-10

1 カーテンの色が地味だから
2 カーテンの柄が派手だから
3 カーテンだと部屋の中が見えるから
4 ブラインドの方が外がよく見えるから

5ばん 🎧 8-11

1 同じ映画を2回は見ないから
2 好きな俳優が出る映画じゃないから
3 ストーリーが面白くないから
4 コメディー映画は好きじゃないから

6ばん 🎧 8-12

1 静かな音楽を聞きながら勉強する
2 静かな場所でストレッチをしてから勉強する
3 にぎやかな場所でストレッチをしてから勉強する
4 動きが多い運動をしてから勉強する

問題3 🎧 8-13~15

問題3では、問題用紙に何もいんさつされていません。この問題はぜんたいとしてどんなないようかを聞く問題です。話の前に質問はありません。まず話を聞いてください。それから、質問とせんたくしを聞いて、1から4の中から、最もよいものを一つえらんでください。

― メモ ―

問題 4

問題 4 では、えを見ながら質問を聞いてください。やじるし (→) の人は何と言いますか。1 から 3 の中から、最もよいものを一つえらんでください。

1 ばん 🎧 8-16

2 ばん 8-17

3 ばん 🎧 8-18

4 ばん 🎧 8-19

問題 5 🎧 8-20~28

問題5では、問題用紙に何もいんさつされていません。まず文を聞いてください。それから、そのへんじを聞いて、1から3の中から、最もよいものを一つえらんでください。

－ メモ －

일본어 능력시험 청해 N3 파이널 테스트 스크립트

파이널 테스트 ❶ 🎧 6-00

問題 1　　　　　　　　　　　page 140

1 ばん
🎧 6-01

会社で男の人と女の人が話しています。男の人はこのあと、どうしますか。
男：佐藤さん。明日の吉村さんへのご祝儀はどうしますか。
女：会社の人たちと一緒に集めて出すことにしました。出席できない人もいるので。
男：実は、僕も出張で行けないんです。僕のも一緒にお願いできますか。
女：じゃあ、あとで私の口座に振り込んでおいてください。
男：ありがとう。あ、そうだ。今現金を渡してもいいですか。これから出張なので、送金する時間がないと思うんです。
女：すみませんが、それはちょっと。もらったの忘れてしまいそうなので。
男：あ、そうですね。あの、いくら出せばいいですか。
女：まだ決めてないんです。決まったら、連絡しますから。
男：僕の電話番号知ってますよね？じゃあ、よろしくお願いします。
女：はい。

男の人はこのあと、どうしますか。
1. 女の人の口座に送金する
2. 女の人の連絡先を教えてもらう
3. 出張に行く準備をする
4. 現金がないので銀行に行く

해석

회사에서 남자와 여자가 이야기하고 있습니다. 남자는 이후에 어떻게 합니까?
남 : 사토 씨. 내일 요시무라 씨 축의금은 어떻게 해요?
여 : 회사 사람들과 같이 모아서 내기로 했어요. 참석 못하는 사람도 있어서요.
남 : 실은 저도 출장 때문에 못 가거든요. 제 것도 함께 부탁드릴 수 있을까요?
여 : 그럼, 나중에 제 계좌로 입금해 주세요.
남 : 감사합니다. 아, 참. 지금 현금을 드려도 될까요? 이제부터 출장이라 송금할 시간이 없을 것 같거든요.
여 : 죄송하지만 그건 좀. 받은 것을 잊어버릴 것 같아서요.
남 : 아, 그렇겠네요. 저, 얼마 내면 되나요?
여 : 아직 안 정했어요. 결정되면 연락할게요.
남 : 제 전화번호 알고 계시죠? 그럼, 잘 부탁드려요.
여 : 네.

남자는 이후에 어떻게 합니까?
1. 여자 계좌에 송금한다.
2. 여자의 연락처를 받는다.
3. 출장가는 준비를 한다.
4. 현금이 없어서 은행에 간다.

2 ばん
🎧 6-02

本屋で女の人が店員と話しています。このあと、女の人はいくら支払いますか。
女：あの、「料理バンザイ」の今月号はありますか。

男：はい、こちらにございます。300円になります。
女：じゃあ、この雑誌と一緒にお会計してください。
男：雑誌は200円になります。お客様、ポイントカードはお持ちですか。
女：はい、ここにあります。あ、そうだ。貯まっているポイントを利用したいんですが。
男：かしこまりました。現在お客様のポイントが100点でございます。お使いになりますか。
女：はい、そうします。
男：お客様、「料理バンザイ」の先月号が50円安くなっておりますが、お買い上げなさいますか。
女：そうですね。それも買います。

このあと、女の人はいくら支払いますか。

1. 400円
2. 450円
3. 550円
4. 650円

해석

서점에서 여자가 점원과 이야기하고 있습니다. 이후에 여자는 얼마를 지불합니까?

여 : 저기, 『요리 만세』 이달 호 있나요?
남 : 네, 이쪽에 있습니다. 300엔입니다.
여 : 그럼 이 잡지와 함께 계산해 주세요.
남 : 잡지는 200엔입니다. 손님, 포인트 카드는 가지고 계세요?
여 : 네, 여기에 있습니다. 아 맞다. 쌓여 있는 포인트를 이용하고 싶은데요.
남 : 알겠습니다. 현재 손님 포인트가 100점입니다. 사용하시겠어요?
여 : 네, 그렇게 할게요.
남 : 손님, '요리 만세' 지난달 호가 50엔 싸게 나와 있는데요. 구매하시겠어요?
여 : 그래요. 그것도 사겠습니다.

이후에 여자는 얼마를 지불합니까?

1. 400엔
2. 450엔
3. 550엔
4. 650엔

3ばん

留守番電話のメッセージを聞いています。メッセージを聞いた人はこのあと、何をしますか。

女：もしもし、香苗です。昨日は本当に楽しかったわ。手作りの料理も本当に最高だったわよ。後片付け一人でさせてしまってごめんなさいね。久しぶりに会ったものだから話が盛り上がっちゃって。あ、そうだ。もし黒の財布を見かけたら私に連絡くれるかな。どうもトイレを使った時においてきたみたいなの。昨日は澤田さんにバス代を貸してもらったわ。後で電話するから、その時澤田さんの電話番号教えてね。とにかく、財布見つかったら連絡お願いするわね。

メッセージを聞いた人はこのあと、何をしますか。
1. 澤田さんに電話をする
2. トイレで財布を探してみる
3. トイレにあるものを片付ける
4. 香苗さんに澤田さんの電話番号を教えてあげる

해석

자동응답전화의 메시지를 듣고 있습니다. 메시지를 들은 사람은 이후에 무엇을 합니까?

여 : 여보세요, 가나에입니다. 어제는 정말로 즐거웠어. 수제 요리도 정말로 최고였어. 뒷정리를 혼자 하게 해서 미안해. 오랜만에 만난 거라서 이야기가 흥이 나서 말야. 아, 맞다. 혹시 검징 지갑을 발견하면 나한테 연락 줄래? 아무래도 화장실을 썼을 때 두고 온 것 같아. 어제는 사와다 씨한테 버스비를 빌렸어. 나중에 전화할 테니까 그때 사와다 씨 전화번호 가르쳐 줘. 어쨌든, 지갑 발견하면 연락 부탁해.

메시지를 들은 사람은 이후에 무엇을 합니까?
1. 사와다 씨에게 전화를 한다.
2. 화장실에서 지갑을 찾아본다.
3. 화장실에 있는 것을 정리한다.
4. 가나에 씨에게 사와다 씨 전화번호를 가르쳐 준다.

4 ばん

스크립트 6-04

大学の先生と学生が研究室の掃除について話しています。女の学生はこのあと、何をしなければなりませんか。

男 : 柳田君、僕が留守の間、研究室の掃除を頼んでもいいかな？掃除のおばさんが事情があって急に来られなくなってね。ちゃんとバイト代は払うから。

女 : ええ、かまいませんよ。掃除はどのようにすればいいんですか。

男 : 一週間に3回ぐらい、窓を開けて空気を入れ替えてから本棚のほこりを拭いてくれるだけでいいよ。

女 : それくらいなら簡単ですね。

男 : あ、それからファックスで送られてくる書類も忘れずに整理しておいてね。あ、そうだ。たしかファックスの紙が切れてると思うんだけどな。

女 : あ、先生。紙があと少ししかありませんよ。

男 : そうか。じゃあ、それもお願いしていいかな。できたら今日、頼むよ。

女 : はい、わかりました。掃除の方は明日からでいいですね？

男 : そうだな。それでいいよ。

女の学生はこのあと、何をしなければなりませんか。
1. 研究室のほこりを拭く
2. 窓を開けておく
3. ファックスに紙を入れる
4. ファックスを掃除する

해석

대학 교수와 학생이 연구실 청소에 대해서 이야기하고 있습니다. 여학생은 이후에 무엇을 하지 않으면 안 됩니까?

남 : 야나기다 군, 내가 부재중인 동안에 연구실 청소를 부탁해도 될까? 청소 아주머니가 사정이 있어서 갑자기 못 오게 되었어. 아르바이트비는 확실히 지급할 테니까.

여 : 네, 괜찮아요. 청소는 어떻게 하면 돼요?

남 : 일주일에 세 번 정도 창문을 열어 환기시키고 나서 책장의 먼지를 닦아 주기만 하면 돼.

여 : 그 정도라면 간단하네요.

남 : 아, 그리고 팩스로 오는 서류도 잊지 말고 정리해 둬. 아, 맞다. 아마 팩스 종이가 다 떨어졌을 것 같은데.

여 : 아, 선생님. 종이가 조금밖에 없어요.

남 : 그렇군. 그럼 그것도 부탁해도 될까? 될 수 있으면 오늘 부탁해.

여 : 네, 알겠습니다. 청소는 내일부터 하면 되는 거죠?
남 : 그래. 그러면 되겠어.

여학생은 이후에 무엇을 하지 않으면 안 됩니까?

1. 연구실 먼지를 닦는다.
2. 창문을 열어 둔다.
3. 팩스에 종이를 넣는다.
4. 팩스를 청소한다.

5ばん

スクリプト 6-05

男の人と女の人が話しています。男の人はこれからどうしますか。

女 : ねえ、明日の6時に同窓会があるんだけど、持って行かないといけない荷物があるの。悪いけど、車で送ってくれない?
男 : えー? その時間だったらすごく混む時間だけど。車で行くより地下鉄で行った方がいいんじゃないの?
女 : 荷物が重いのよ。早く出発すれば大丈夫よ。
男 : うーん。わかったよ。で、その荷物って何なの?
女 : 昔のアルバムよ。5冊もあるから重くて。
男 : そうか。じゃあ、忘れるといけないから今から車のトランクに入れておくよ。
女 : そんな、絶対に忘れないわよ。明日でもいいのよ。
男 : いや、どうせ散歩に行こうと思っていたんだ。じゃあ、行ってくるよ。

男の人はこれからどうしますか。

1. アルバムをトランクに載せる

2. 車の状態をチェックする
3. 車の混まない時間をチェックする
4. 女の人を車に乗せる

해석

남자와 여자가 이야기하고 있습니다. 남자는 이제부터 어떻게 합니까?

여 : 저기, 내일 6시에 동창회가 있는데 가져가야 할 짐이 있어. 미안하지만 차로 데려다주지 않을래?
남 : 뭐? 그 시간이면 굉장히 막히는 시간인데. 차로 가는 것보다 지하철로 가는 게 좋지 않아?
여 : 짐이 무거워. 일찍 출발하면 괜찮아.
남 : 음. 알았어. 그래서 그 짐이란 게 뭔데?
여 : 옛날 앨범이야. 다섯 권이나 있어서 무겁거든.
남 : 그렇구나. 그럼 잊어버리면 안 되니까 지금부터 차 트렁크에 넣어 둘게.
여 : 설마, 절대로 안 잊어버려. 내일이라도 괜찮아.
남 : 아니야, 어차피 산책 가려고 했어. 그럼, 갔다 올게.

남자는 이제부터 어떻게 합니까?

1. 앨범을 트렁크에 싣는다.
2. 차 상태를 체크한다.
3. 차가 막히지 않는 시간을 체크한다.
4. 여자를 차에 태운다.

6ばん

スクリプト 6-06

病院で医者と患者が話しています。女の人はこのあと、まず何をしなければなりませんか。

男 : あの、もう一つ検査が残ってますから来週また来てください。
女 : 来週ですか。薬は飲まなくてもいいんですか。
男 : 薬は三日だけ飲んでください。えー

と、受付で来週の予約をして行ってくださいね。来週は連休がありますから、早めに予約した方がいいですよ。
女：はい、わかりました。薬はどの順番で飲めばいいんですか。
男：それは薬局で教えてくれるので、後で聞いてみてください。
女：わかりました。じゃあ、失礼します。
男：はい、お大事に。

女の人はこのあと、まず何をしなければなりませんか。

1. 薬局に行く
2. 受付で薬の飲み方を聞く
3. 薬を飲む
4. 受付で来週の予約を取る

해석

병원에서 의사와 환자가 이야기하고 있습니다. 여자는 이후에 우선 무엇을 하지 않으면 안 됩니까?

남 : 저기, 검사가 하나 더 남아 있으니까 다음 주에 또 와 주세요.
여 : 다음 주예요? 약은 먹지 않아도 되나요?
남 : 약은 3일만 드세요. 음, 접수처에서 다음 주 예약을 하고 가 주세요. 다음 주는 연휴가 있으니까 일찍 예약하는 게 좋아요.
여 : 네, 알겠습니다. 약은 어떤 순서대로 먹으면 됩니까?
남 : 그건 약국에서 가르쳐 주니까 나중에 물어봐 주세요.
여 : 알겠습니다. 그럼, 실례하겠습니다.
남 : 네, 몸조심하세요.

여자는 이후에 우선 무엇을 하지 않으면 안 됩니까?

1. 약국에 간다.
2. 접수처에서 약 먹는 법을 묻는다.
3. 약을 먹는다.
4. 접수처에서 다음 주 예약을 잡는다.

問題 2　page 143

1 ばん

스크립트　🎧 6-07

留守番電話のメッセージを聞いています。洋介のお母さんは何時にお茶をしようと言っていますか。

女：もしもし、田中さん？洋介の母です。田中さんと一緒に今週の勉強会のおやつの担当になりました。あの、子供たちのおやつの時間が3時15分から3時30分までだと聞きました。だから、3時に教室の前で待ち合わせをするのがいいと思いますが、どうでしょうか。私は用事があって、2時30分から教室の近くにいると思いますので、もし早くいらしたら電話ください。それから、後片付けはおやつの時間が終わってから10分ぐらいかかると思います。終わったら、一緒にお茶でもいかがですか。じゃあ、お電話お願いします。

洋介のお母さんは何時にお茶をしようと言っていますか。

1. 2時40分
2. 3時10分
3. 3時30分
4. 3時40分

해석

자동응답전화의 메시지를 듣고 있습니다. 요스케 어머니는 몇 시에 차를 마시자고 말하고 있습니까?

여 : 여보세요, 다나카 씨? 요스케 엄마입니다. 다나카 씨와 함께 이번 주 공부 모임의 간식 담당이 되었습니다. 저, 아이들 간식 시간이 3시 15분부

터 3시 30분까지라고 들었습니다. 그러니까 3시에 교실 앞에서 만나는 게 좋을 것 같은데 어떠세요? 저는 볼일이 있어서 2시 30분부터 교실 근처에 있을 거니까 혹시 일찍 오시면 전화 주세요. 그리고 뒷정리는 간식 시간이 끝난 다음 10분 정도 걸릴 거예요. 끝나면 차라도 함께 마시는 게 어떠세요? 그럼, 전화 부탁합니다.

요스케 어머니는 몇 시에 차를 마시자고 말하고 있습니까?

1. 2시 40분
2. 3시 10분
3. 3시 30분
4. 3시 40분

2ばん

スクリプト 6-08

女の人と男の人が話しています。男の人はどんな映画が好きだと言っていますか。

男：田口さんって映画見るの本当に好きだよね。
女：うん、そうなのよ。今週も友だちとホラー映画を見に行くことになっているの。
男：あ、もしかしてテレビで宣伝しているあの映画なの？ 僕は血が出る映画ってまったくだめなんだ。
女：そうなの？ それだったらコメディー物の映画も上映されてるから見てみたら？ 見た人がけっこう笑えるって言ってたわよ。
男：コメディー映画はあんまり興味がなくてちょっと。僕は来週彼女と「戦争と愛」っていう映画を見に行くことにしてるんだ。
女：そうなんだ。でもそれって戦争映画なんじゃないの？ 血が出る映画だめなんでしょう？
男：ううん。違うよ。戦争の中で家族の重要さをもう一度考え直してみようっていう映画なんだ。残酷なシーンはあんまりないんだって。
女：へえー。そんな映画が好きなんだ。私はそういう映画はだめだわ。

男の人はどんな映画が好きだと言っていますか。

1. ホラー映画
2. 家族映画
3. 恋愛映画
4. コメディー映画

해석

여자와 남자가 이야기하고 있습니다. 남자는 어떤 영화를 좋아한다고 말하고 있습니까?

남 : 다구치는 영화 보는 거 정말로 좋아하지?
여 : 응, 그래. 이번 주에도 친구와 공포 영화를 보러 가기로 되어 있어.
남 : 아, 혹시 텔레비전에서 선전하고 있는 그 영화야? 나는 피가 나는 영화는 전혀 못 보는데.
여 : 그래? 그렇다면 코미디 영화도 상영하고 있으니까 보지 그래? 본 사람이 꽤 웃기다고 하던데.
남 : 코미디 영화는 별로 흥미가 없어서 좀. 나는 다음 주에 여자친구와 '전쟁과 사랑'이라는 영화를 보러 가기로 했어.
여 : 그렇구나. 하지만 그거 전쟁 영화 아냐? 피가 나오는 영화는 안 되잖아?
남 : 아니야. 그렇지 않아. 전쟁 속에서 가족의 소중함을 다시 한 번 생각해 보자는 영화야. 잔혹한 장면은 별로 없대.
여 : 허, 그런 영화를 좋아하는구나. 나는 그런 영화는 질색이야.

남자는 어떤 영화를 좋아한다고 말하고 있습니까?

1. 공포 영화

2. 가족 영화

3. 연애 영화

4. 코미디 영화

3ばん

스크립트 🎧 6-09

男の人と新入社員が話しています。男の人は何を一番気をつけなければならないと言っていますか。

女：吉田輝美と申します。高木部長、これからよろしくお願いします。

男：こちらこそよろしく。初日だからあんまり無理しないように。

女：ありがとうございます。

男：うちはそんなに仕事が大変じゃないから心配しなくてもいいよ。ただ年末年始には残業しないといけないことがあるかもしれないけど。

女：そうなんですか。

男：あ、それから何があっても遅刻はしないように。社長に知られると、すごく嫌な顔されるんだ。それだけは忘れないように。

女：はい、わかりました。

男の人は何を一番気をつけなければならないと言っていますか。

1. 会社でちゃんとあいさつをすること
2. 年末には仕事をしないこと
3. 会社に遅れないこと
4. 社長に嫌な顔をすること

해석

남자와 신입사원이 이야기하고 있습니다. 남자는 무엇을 가장 조심하지 않으면 안 된다고 말하고 있습니까?

여 : 요시다 데루미라고 합니다. 다카기 부장님, 앞으로 잘 부탁드립니다.

남 : 나야말로 잘 부탁해. 첫날이니까 너무 무리하지 말고.

여 : 감사합니다.

남 : 우리는 일이 그렇게 힘들지 않으니까 걱정하지 않아도 돼. 다만 연말연시에는 야근을 하지 않으면 안 되는 일이 있을지도 모르지만.

여 : 그래요?

남 : 아, 그리고 무슨 일이 있어도 지각은 하지 않도록. 사장님께 알려지면 굉장히 싫은 얼굴을 하시거든. 그것만은 잊지 않도록 해.

여 : 네, 알겠습니다.

남자는 무엇을 가장 조심하지 않으면 안 된다고 말하고 있습니까?

1. 회사에서 제대로 인사를 하는 것
2. 연말에는 일을 하지 않는 것
3. 회사에 늦지 않는 것
4. 사장님께 싫은 얼굴을 하는 것

4ばん

스크립트 🎧 6-10

男の人と女の人が話しています。女の人はどうして遅れると言っていますか。

女：今日はね、先に夕食食べて。

男：どうして？

女：友だちから電話があったの。ついに結婚するんだって。

男：それで？

女：結婚式で着るドレスのことで急に連絡してきたの。どれがいいのか私に選んでほしいんだって。

男：じゃあ、ドレスショップに寄ってくるわけ？

女：ううん。彼女がドレスのカタログを持ってくるから一緒に夕食を食べながら選んでもらいたいって言ってたわ。

男：そうか。

女の人はどうして遅れると言っていますか。
1. 友だちが結婚式を挙げるから
2. 友だちが着ているドレスを見てあげないといけないから
3. 友だちが着るドレスを選んであげないといけないから
4. 前から夕食の約束をしてあったから

해석

남자와 여자가 이야기하고 있습니다. 여자는 왜 늦는다고 말하고 있습니까?

여 : 오늘은 먼저 저녁 먹어.

남 : 왜?

여 : 친구한테서 전화가 왔었어. 드디어 결혼한대.

남 : 그래서?

여 : 결혼식에 입을 드레스 일로 갑자기 연락한 거야. 어느 것이 좋은지 나한테 골라 달래.

남 : 그럼 드레스 숍에 들렀다 오는 거야?

여 : 아니. 친구가 드레스 카탈로그를 가져 올 거니까 함께 저녁을 먹으면서 골라 달라고 했어.

남 : 그렇구나.

여자는 왜 늦는다고 말하고 있습니까?
1. 친구가 결혼식을 올려서
2. 친구가 입고 있는 드레스를 봐 주지 않으면 안 돼서
3. 친구가 입을 드레스를 골라 주지 않으면 안 돼서
4. 전부터 저녁 약속을 해 놔서

5 ばん

駅員が案内放送をしています。電車はどうして遅れているのですか。

男：ご案内いたします。3時30分発の快速電車新宿行きが地震による線路上の問題のため、ただ今10分ほど遅れて運行をしております。お急ぎのところご迷惑をおかけいたします。発車までもう少しお待ちください。

電車はどうして遅れているのですか。
1. 地震で電車が壊れたから
2. 地震がまた起きるといっているから
3. 電車を直しているから
4. 地震で線路が壊れているから

해석

역무원이 안내방송을 하고 있습니다. 전철은 왜 늦고 있는 것입니까?

남 : 알려 드립니다. 3시 30분발 신주쿠행 쾌속 전철이 지진으로 인한 선로상의 문제 때문에 지금 10분 정도 늦게 운행을 하고 있습니다. 바쁘신 중에 폐를 끼쳤습니다. 발차까지 조금 더 기다려 주시기 바랍니다.

전철은 왜 늦고 있는 것입니까?
1. 지진으로 전철이 고장 나서
2. 지진이 또 일어난다고 해서
3. 전철을 고치고 있어서
4. 지진으로 선로가 망가져서

6 ばん

스크립트 6-12

男の人と女の人が話しています。女の人は机について、何がよくないと言っていますか。

男：この机どう？僕の部屋にぴったりだと思うけど。
女：うーん。私はあんまり気に入らないけどね。
男：どうして？
女：形や高さは問題ないんだけど、色が少しおかしいんじゃないの？
男：そうかな。僕の部屋の壁の色が明るいから、机は少し暗い感じがいいと思ったんだけどな。
女：机だけ暗いと変よ。他の家具と同じ感じの色にしないと。
男：そうか。じゃあ、明るいのを探してみよう。

女の人は机について、何がよくないと言っていますか。

1. 高さが部屋に合わないこと
2. 色が他の家具と合わないこと
3. 色が部屋の壁の色と合わないこと
4. 色が明るすぎること

해석

남자와 여자가 이야기하고 있습니다. 여자는 책상에 대해서 무엇이 좋지 않다고 말하고 있습니까?

남 : 이 책상 어때? 내 방에 딱인 거 같은데.
여 : 음. 난 별로 마음에 안 드는데.
남 : 왜?
여 : 모양이나 높이는 문제 없는데, 색이 좀 이상하지 않아?
남 : 그런가? 내 방 벽 색이 밝으니까 책상은 조금 어두운 느낌이 좋을 것 같았는데.
여 : 책상만 어두우면 이상해. 다른 가구와 같은 느낌의 색으로 해야지.
남 : 그렇구나. 그럼 밝은 것을 찾아보자.

여자는 책상에 대해서 무엇이 좋지 않다고 말하고 있습니까?

1. 높이가 방에 맞지 않는 것
2. 색이 다른 가구와 맞지 않는 것
3. 색이 방의 벽 색과 맞지 않는 것
4. 색이 너무 밝은 것

問題 3

page 146

1 ばん

스크립트 6-13

女の人が友だちの家に来て話しています。

女1：私よ、恵。
女2：あら、恵ちゃん。どうしたの？
女1：あさってカナダに出発でしょう？荷物の整理、手伝ってあげようと思って来たのよ。
女2：来てくれてうれしいんだけど、これくらいなら私一人でできるわよ。
女1：でもほら、部屋の掃除もしないといけないし、大変でしょう？
女2：部屋が小さいから大丈夫よ。あ、そうだ。荷物が多くて持っていけない本が何冊かあるんだけど、要るかしら？
女1：うん。その本だったら私も買おうと思ってたの。ありがとう。
女2：やっぱり、家に来た目的はこれだったのね。
女1：へへー。ばれたわね。

女の人が友だちの家へ来た本当の理由は何ですか。
1. 友だちを手伝いに来た
2. 本をプレゼントしに来た
3. ほしい物があって来た
4. 部屋を掃除しに来た

해석

여자가 친구 집에 와서 이야기하고 있습니다.

여 1 : 나야. 메구미.
여 2 : 어머, 메구미구나. 무슨 일이야?
여 1 : 모레 캐나다로 출발하지? 짐 정리 도와주려고 왔어.
여 2 : 와 줘서 고맙긴 한데 이 정도면 나 혼자서 할 수 있어.
여 1 : 하지만 있잖아, 방 청소도 해야 하고 힘들잖아?
여 2 : 방이 작으니까 괜찮아. 아, 맞다. 짐이 많아서 가져갈 수 없는 책이 몇 권인가 있는데, 필요하니?
여 1 : 응. 그 책이라면 나도 사려고 생각하고 있었어. 고마워.
여 2 : 역시 우리 집에 온 목적은 이거였구나.
여 1 : 헤헤. 들켰네.

여자가 친구 집에 온 진짜 이유는 무엇입니까?
1. 친구를 도우러 왔다.
2. 책을 선물하러 왔다.
3. 갖고 싶은 물건이 있어서 왔다.
4. 방을 청소하러 왔다.

2ばん

스크립트 6-14

女の人と男の人が話しています。
女：あのう、お願いって何でしょうか。
男：来週のマーケティングの会議なんですが、今回は商品の説明まで準備しないといけないので、僕一人ではかなり時間がかかると思うんです。それでもし忙しくなければ、僕のかわりに商品の値段の変化をグラフにしていただけないでしょうか。僕は説明するのは得意なんですが、絵を描くのがまったくだめで困っているんです。

男の人は女の人にどのようなことをお願いしていますか。
1. 会議で新商品の発表をしてもらうこと
2. 会議でマーケティングの説明をしてもらうこと
3. 会議で使う商品を運んでもらうこと
4. 会議で使うグラフを作ってもらうこと

해석

여자와 남자가 이야기하고 있습니다.

여 : 저, 부탁이란 게 뭐예요?
남 : 다음 주 마케팅 회의 말인데요, 이번에는 상품 설명까지 준비하지 않으면 안 돼서 저 혼자만으로는 꽤 시간이 걸릴 것 같아요. 그래서 혹시 바쁘지 않으면 저 대신 상품의 가격 변화를 그래프로 만들어 주시지 않을래요? 저는 설명하는 것은 잘하는데 그림 그리는 것을 전혀 못해서 난감합니다.

남자는 여자에게 어떤 것을 부탁하고 있습니까?
1. 회의에서 신상품 발표를 해 줄 것
2. 회의에서 마케팅 설명을 해 줄 것
3. 회의에서 사용할 상품을 옮겨 줄 것
4. 회의에서 사용할 그래프를 만들어 줄 것

3ばん

스크립트 🎧 6-15

アナウンサーが外からリポートしています。
女：大型の強い台風20号の影響で、都心が停電になっております。従って車で移動中の方はくれぐれも運転に気をつけてください。あ、それからあちらの住宅の方に電柱が倒れているのが見えますか。商店街の方も看板などが倒れて人が通れない状態になっています。気象庁では、強い風が明日の朝まで続くと発表しておりますので、なるべく外出はしないようにしてください。

アナウンサーは何についてリポートしていますか。
1. 台風による被害
2. 電気の重要さ
3. 信号の重要さ
4. 台風が来た理由

해석

아나운서가 외부에서 리포트를 하고 있습니다.

여 : 강한 대형 태풍 20호의 영향으로 도심이 정전이 되어 있습니다. 따라서 차로 이동 중이신 분은 부디 운전에 주의해 주십시오. 아, 그리고 저기 주택 쪽에 전봇대가 쓰러져 있는 것이 보입니까? 상가 쪽도 간판 등이 쓰러져서 사람이 다닐 수 없는 상태가 되어 있습니다. 기상청에서는 강한 바람이 내일 아침까지 계속될 것이라고 발표하고 있으니 되도록 외출은 하지 않도록 해 주십시오.

아나운서는 무엇에 대해서 리포트하고 있습니까?
1. 태풍에 의한 피해
2. 전기의 중요성
3. 신호의 중요성
4. 태풍이 온 이유

問題 4

page 147

1ばん

스크립트 🎧 6-16

会社をやめることになりました。会社の人に何と言いますか。
男：1. 失礼しました。
　　2. 今までお世話になりました。
　　3. お疲れ様でした。

해석

회사를 그만두게 되었습니다. 회사 사람에게 뭐라고 말합니까?

남 : 1. 실례합니다.
　　2. 지금까지 신세졌습니다.
　　3. 수고하셨습니다.

2ばん

스크립트 🎧 6-17

レストランで男の人が店員に夕食を注文しました。店員は何と言いますか。
男：1. お待たせしました。
　　2. ごめんください。
　　3. かしこまりました。

해석

레스토랑에서 남자가 점원에게 저녁을 주문했습니다. 점원은 뭐라고 말합니까?

남 : 1. 오래 기다리셨습니다.
　　2. 죄송합니다.
　　3. 알겠습니다.

3ばん

スクリプト 🎧 6-18

お世話になっている人にプレゼントをします。
渡す時、何と言いますか。

女：1. もらっていいものですよ。
　　2. これ、つまらないものですが。
　　3. これ、けっこうなものなんですが。

해석

신세를 지고 있는 사람에게 선물을 합니다. 건네줄 때 뭐라고 말합니까?

여 : 1. 받아도 되는 거예요.
　　 2. 이거 변변치 않은 건데요.
　　 3. 이거 훌륭한 건데요.

4ばん

스크립트 🎧 6-19

夜遅く友だちの家に電話をしましたが、友だちのお父さんが電話に出ました。何と言いますか。

男：1. 夜遅く電話して申し訳ございません。
　　2. 夜遅く電話をかけてもいいんですよね？
　　3. 電話に出てくださってありがとうございます。

해석

밤늦게 친구 집에 전화를 했는데, 친구 아버지가 전화를 받았습니다. 뭐라고 말합니까?

남 : 1. 밤늦게 전화해서 죄송합니다.
　　 2. 밤늦게 전화 걸어도 되죠?
　　 3. 전화를 받아 주셔서 감사합니다.

問題 5

page 151

1ばん

스크립트 🎧 6-20

女：柳田さんの車を拝見してもよろしいですか。
男：1. どうぞ、ご覧ください。
　　2. 喜ぶのはまだ早いですよ。
　　3. どうもおかしいですね。

해석

여 : 야나기다 씨의 차를 봐두 될까요?
남 : 1. 자, 보세요.
　　 2. 기뻐하기는 아직 일러요.
　　 3. 아무래도 이상하네요.

2ばん

스크립트 🎧 6-21

男：お腹すいたなあ。ごはんまだ？
女：1. すごいごちそうだわ。
　　2. まだ支度してないわよ。
　　3. チェックお願いね。

해석

남 : 배고프네. 밥은 아직이야?
여 : 1. 굉장한 진수성찬이구나.
　　 2. 아직 준비 안 됐어.
　　 3. 확인 부탁해.

3ばん

스크립트 🎧 6-22

女：あそこの図書館って何時までなんですか。
男：1. 朝の9時から利用できますよ。
　　2. 5時までには返さないといけませんよ。
　　3. 7時まで利用できますよ。

해석

여 : 저기 있는 도서관은 몇 시까지인가요?
남 : 1. 아침 9시부터 이용할 수 있어요.
　　2. 5시까지는 돌려주지 않으면 안 돼요.
　　3. 7시까지 이용할 수 있어요.

4ばん

스크립트 🎧 6-23

男：悪いけど、僕のレポート先生に渡してもらえるかな。
女：1. ごめん。それはちょっと無理だわ。
　　2. 先生に聞いてみたわよ。
　　3. レポート書くの手伝ってあげようか。

해석

남 : 미안하지만 내 리포트를 선생님께 내줄 수 있어?
여 : 1. 미안. 그건 좀 무리야.
　　2. 선생님께 여쭤 봤어.
　　3. 리포트 쓰는 거 도와줄까?

5ばん

스크립트 🎧 6-24

女：どこか悪いんですか。
男：1. 約束どおり行きませんね。
　　2. お腹の具合がよくないんです。
　　3. コンピューターを直しました。

해석

여 : 어디 안 좋으세요?
남 : 1. 약속대로 안 되네요.
　　2. 속이 안 좋아요.
　　3. 컴퓨터를 고쳤습니다.

6ばん

스크립트 🎧 6-25

男：寒くなってきましたね。
女：1. そろそろ暖房がほしいですね。
　　2. そろそろ冷房が必要ですね。
　　3. そろそろクーラーがほしいですね。

해석

남 : 추워졌네요.
여 : 1. 슬슬 난방이 필요하네요.
　　2. 슬슬 냉방이 필요하네요.
　　3. 슬슬 쿨러가 필요하네요.

7 ばん

스크립트 6-26

女：旅行に行ってきたんですか。

男：1. じゃあ、行ってきます。
　　2. はい。これ、おみやげです。
　　3. おみやげを買ってきましょうか。

해석

여 : 여행 다녀왔어요?

남 : 1. 그럼, 다녀오겠습니다.
　　2. 네. 이거, 선물입니다.
　　3. 선물을 사 올까요?

9 ばん

스크립트 6-28

女：昨日山下さんに会いましたか。

男：1. いいえ、山下さんに会ってきました。
　　2. はい、何もありませんでした。
　　3. はい、山下さんの家を訪ねてきました。

해석

여 : 어제 야마시타 씨를 만났어요?

남 : 1. 아니요, 야마시타 씨를 만나고 왔습니다.
　　2. 네, 아무것도 없었습니다.
　　3. 네, 야마시타 씨 집을 방문하고 왔습니다.

8 ばん

스크립트 6-27

男：田村さんはいらっしゃらないんですか。

女：1. 1時までには来ると言っていたんですが。
　　2. 行ってもかまいませんよ。
　　3. そんなに遅くまでいられませんよ。

해석

남 : 다무라 씨는 안 계십니까?

여 : 1. 1시까지는 온다고 했는데요.
　　2. 가도 상관 없습니다.
　　3. 그렇게 늦게까지 있을 수 없습니다.

파이널 테스트 ❷ 🎧 7-00

問題 1
page 152

1ばん
🎧 7-01

会社で男の人と女の人が話しています。

男：お昼食べたら、一緒に公園に散歩しに行きませんか。
女：散歩ですか。あの、お昼はどちらで食べるんですか。
男：会社の近くのそば屋で食べようと思ってるんですけど。
女：私は今日、お弁当を持ってきたので、社内の食堂で食べてもいいですか。
男：もちろん、かまいませんよ。お弁当なんて、久しぶりですね。
女：あ、実は具合が悪くて、家でおかゆを作ってきたんです。
男：そうだったんですか。薬は飲みましたか。
女：いいえ、まだ。お昼食べる前に飲まないといけないから、もうすぐ買いに行かないと。
男：そうですか。じゃあ、散歩は様子を見ていきましょう。病院へは行かなくていいんですか。
女：ええ。薬局の薬で十分だと思います。
男：あ、もうお昼休みですね。

女の人はこれからどこに行きますか。
1. 社内食堂に行く
2. 薬を買いに薬局に行く
3. 病院に行く
4. 散歩をしに公園に行く

해석
회사에서 남자와 여자가 이야기하고 있습니다.
남 : 점심 먹으면 같이 공원에 산책하러 안 갈래요?
여 : 산책이요? 저, 점심은 어디서 드세요?
남 : 회사 근처에 있는 메밀국수집에서 먹을까 하는데요.
여 : 저는 오늘 도시락을 가져와서 사내 식당에서 먹어도 될까요?
남 : 물론 상관없어요. 도시락이라니 오랜만이네요.
여 : 아, 실은 컨디션이 안 좋아서 집에서 죽을 쑤어 왔어요.
남 : 그러셨어요? 약은 드셨나요?
여 : 아니요, 아직. 점심을 먹기 전에 먹어야 하니까 이제 곧 사러 가야죠.
남 : 그래요? 그럼, 산책은 상태를 보고 갑시다. 병원에는 안 가도 돼요?
여 : 네. 약국 약이면 충분할 것 같아요.
남 : 아, 벌써 점심시간이네요.

여자는 지금부터 어디에 갑니까?
1. 사내 식당에 간다.
2. 약을 사러 약국에 간다.
3. 병원에 간다.
4. 산책을 하러 공원에 간다.

2ばん
🎧 7-02

男の人と女の人が話しています。男の人はこのあと、まず何をしなければなりませんか。

男：映画のチケットが2枚あるんだけど、一緒にどう？
女：うーん。図書館カード作ってからにしない？証明写真と身分証明書持ってる？
男：えー？証明写真なんて今持ってないよ。あ、でも遊びに行って撮った写真

はあるんだけど、これじゃあだめかなあ。
女：さあ。それは担当者に聞いてみないとわからないわね。電話して問い合わせてみたら？
男：いや、それなら図書館に行って直接聞いてみるよ。
女：映画の時間のチェックもしないとね。
男：それならカード作ってからでも間に合うと思うよ。
女：そう？じゃあ、急ぎましょう。

男の人はこのあと、まず何をしなければなりませんか。
1. 映画館で映画の時間を確認する
2. 図書館に電話する
3. 図書館に行く
4. 映画の時間を電話で確認する

해석

남자와 여자가 이야기하고 있습니다. 남자는 이후에 우선 무엇을 하지 않으면 안 됩니까?

남 : 영화 티켓이 두 장 있는데 같이 어때?
여 : 음. 도서관 카드 만들고 나서 가지 않을래? 증명 사진과 신분증 가지고 있어?
남 : 뭐? 증명사진 같은 거 지금 안 가지고 있지. 아, 하지만 놀러 가서 찍은 사진은 있는데, 이건 안 될까?
여 : 글쎄. 그건 담당자한테 물어보지 않으면 모르겠네. 전화해서 문의해 보는 게 어때?
남 : 아니, 그렇다면 도서관에 가서 직접 물어볼게.
여 : 영화 시간 체크도 해야지.
남 : 그거라면 카드 만들고 나서 해도 늦지 않을 거야.
여 : 그래? 그럼 서두르자.

남자는 이후에 우선 무엇을 하지 않으면 안 됩니까?
1. 영화관에서 영화 시간을 확인한다.
2. 도서관에 전화한다.
3. 도서관에 간다.
4. 영화 시간을 전화로 확인한다.

3ばん

스크립트　🎧 7-03

留守番電話のメッセージを聞いています。メッセージを聞いた人はこのあと、何をしますか。

男：もしもし、白井です。来週の同窓会の参加者の人数チェックのために電話しました。食事の準備をしないといけないので正確な人数を教えてください。今回は家族を連れてくることになっていますので、結構大勢の人が集まると思います。それで、夕食は外で牛肉のバーベキューをしようと思いますが、どうでしょうか。牛肉が食べられない人のためには他のメニューを準備しますので、だめな人は前もって知らせてください。返事はEメールでお願いします。

メッセージを聞いた人はこのあと、何をしますか。
1. 白井さんに電話して人数を知らせる
2. 家族の中で牛肉が食べられない人がいるかチェックする
3. 白井さんの家の住所をチェックする
4. 白井さんに食べたいメニューを知らせるEメールを送る

해석

자동응답전화의 메시지를 듣고 있습니다. 메시지를 들은 사람은 이후에 무엇을 합니까?

남 : 여보세요, 시라이입니다. 다음 주 동창회 참가자의 인원수 확인을 위해 전화했습니다. 식사 준비를 하지 않으면 안 되니까 정확한 인원수를 알려 주세요. 이번에는 가족을 동반하기로 되어 있으니까 꽤 많은 사람이 모일 것 같습니다. 그래서 저녁은 밖에서 소고기 바비큐를 할까 하는데 어떠세요? 소고기를 못 먹는 사람을 위해서는 다른 메뉴를 준비할 테니 안 먹는 사람은 미리 알려 주세요. 답장은 이메일로 부탁합니다.

메시지를 들은 사람은 이후에 무엇을 합니까?

1. 시라이 씨한테 전화해서 인원수를 알려 준다.
2. 가족 중에서 소고기를 못 먹는 사람이 있는지 확인한다.
3. 시라이 씨의 집 주소를 확인한다.
4. 시라이 씨에게 먹고 싶은 메뉴를 알리는 이메일을 보낸다.

4 ばん

スクリプト 7-04

お母さんと子供が話しています。子供は初めにどこに行かなければなりませんか。

女1：ほら、早く支度しなさい。ピアノ教室に遅れるわよ。
女2：ちょっと待ってよ。今音楽ノートを探してるの。
女1：もうー。だから昨日ちゃんと探しておきなさいって言ったじゃない。
女2：はいはい。もう時間ないからピアノ教室に行く途中に買うよ。
女1：大丈夫？遅れると叱られるんでしょう？
女2：新しいノート持って行かないともっと叱られると思うから。
女1：そうなの？じゃあ、ついでにコンビニによっておにぎりでも買って行きなさい。お腹すいてるんでしょう？
女2：時間があったらね。

子供は初めにどこに行かなければなりませんか。

1. コンビニ
2. ピアノ教室
3. 文房具屋
4. スーパー

해석

엄마와 아이가 이야기하고 있습니다. 아이는 처음에 어디에 가지 않으면 안 됩니까?

여1 : 자, 빨리 준비해. 피아노 학원에 늦겠어.
여2 : 잠깐만 기다려. 지금 음악 공책을 찾고 있어.
여1 : 정말. 그러니까 어제 확실히 찾아 두라고 했잖아.
여2 : 네네. 더 이상 시간 없으니까 피아노 학원에 가는 도중에 살게.
여1 : 괜찮아? 늦으면 혼나잖아?
여2 : 새 공책 안 가져가면 더 혼날 거 같으니까.
여1 : 그래? 그럼 내친 김에 편의점에 들러서 주먹밥이라도 사서 가. 배고프지?
여2 : 시간이 있으면.

아이는 처음에 어디에 가지 않으면 안 됩니까?

1. 편의점
2. 피아노 학원
3. 문구점
4. 슈퍼

5 ばん

스크립트 7-05

ピザ屋で男の人と店員が話しています。このあと、男の人はいくら支払いますか。

男：すみません。韓国式ブルコギピザくだ

さい。
女：Mサイズは2,000円で、Lサイズは3,000円になりますが、どちらになさいますか。
男：Mサイズでお願いします。
女：お客様、今日は「うれしいピザの日」として、お持ち帰りのピザの料金を半額にしておりますが、どうなさいますか。
男：じゃあ、持ち帰りにします。あの、コーラも半額ですか。
女：恐れ入りますが、コーラは半額サービスに入っておりません。500mlが120円、1.5ℓが350円でございます。
男：じゃあ、500mlでお願いします。
女：はい、かしこまりました。

このあと、男の人はいくら支払いますか。

1. 1,060円
2. 1,120円
3. 2,120円
4. 2,350円

해석

피자 가게에서 남자와 점원이 이야기하고 있습니다. 이후에 남자는 얼마를 지불합니까?

남: 여기요. 한국식 불고기 피자 주세요.
여: M사이즈는 2천 엔이고 L사이즈는 3천 엔인데요, 어느 쪽으로 하시겠어요?
남: M사이즈로 부탁합니다.
여: 손님, 오늘은 '기쁜 피자의 날'로, 가져가시는 피자 요금을 반값으로 하고 있는데요, 어떻게 하시겠어요?
남: 그럼 가져갈게요. 저기, 콜라도 반값입니까?
여: 죄송하지만, 콜라는 반값 서비스에 포함되지 않습니다. 500ml가 120엔, 1.5ℓ가 350엔입니다.
남: 그럼, 500ml로 부탁합니다.
여: 네, 알겠습니다.

이후에 남자는 얼마를 지불합니까?

1. 1,060엔
2. 1,120엔
3. 2,120엔
4. 2,350엔

6ばん

スクリプト 7-06

男の人と女の人が話しています。女の人はこれからどうしますか。

男：さっき近所で木田さん夫婦に会ったよ。
女：本当？日本に帰ってきたのかしら？
男：木田さんの奥さんに美恵子さんはお元気ですかって聞かれたよ。当分日本にいるつもりだから、一緒にコーヒーでも飲みながら昔話をしたいって言ってたぞ。
女：そうなの？電話番号でも知ってれば、今すぐ連絡できるのにね。
男：あれ？電話番号持ってないの？
女：フランスの電話番号しか持ってないの。あ、そうだ！思い出した。実は先月にね、木田さんの奥さんから今日本にいるってお手紙が来たんだけど、まだ返事出してなかったわ。
男：なんだよー。失礼じゃないか。早く連絡してみた方がいいぞ。
女：わかったわ。

女の人はこれからどうしますか。
1. 木田さんの奥さんに電話をする
2. 近所で木田さんの奥さんを探してみる
3. 木田さんの奥さんに手紙を書く

4. フランスの電話番号を探してみる

해석

남자와 여자가 이야기하고 있습니다. 여자는 지금부터 어떻게 합니까?

남 : 방금 근처에서 기다 씨 부부를 만났어.

여 : 정말? 일본에 돌아온 건가?

남 : 기다 씨 부인이 미에코 씨는 잘 지내냐고 물어보더라. 당분간 일본에 있을 예정이니까 같이 커피라도 마시면서 옛날이야기를 하고 싶대.

여 : 그래? 전화번호라도 알고 있으면 지금 당장 연락할 수 있을 텐데.

남 : 어? 전화번호 안 가지고 있어?

여 : 프랑스 전화번호밖에 없어. 아, 맞다! 생각났다. 실은 지난달에 기다 씨 부인한테서 지금 일본에 있다는 편지가 왔었는데 아직 답장을 안 보냈네.

남 : 뭐야. 실례 아냐? 빨리 연락해 보는 게 좋겠다.

여 : 알았어.

여자는 지금부터 어떻게 합니까?

1. 기다 씨 부인에게 전화를 한다.
2. 근처에서 기다 씨 부인을 찾아본다.
3. 기다 씨 부인에게 편지를 쓴다.
4. 프랑스 전화번호를 찾아본다.

問題 2

page 155

1 ばん

스크립트 🎧 7-07

男の人と女の人が電話で話しています。男の人は今日何時に出勤すると言っていますか。

男 : もしもし。田辺さん？あのさ、僕まだ足が治らなくて今日も休まないといけないんだ。

女 : そうなの？7時に重要な会議があるんだけど、森さんがいないとだめなのよ。何とかならないかしら？

男 : そうなのか。仕方ないな。じゃあ、夕食食べてから遅く出勤してもいいかな。

女 : そうね。会議で使う資料もチェックしてもらわないといけないし。もう少し早く来られないの？

男 : ごめん。3時から病院での治療があるから、ちょっと無理なんだ。資料のチェックは家でもできるから、メールで送ってくれる？

女 : わかったわ。大変だろうけど、お願いするわ。

男の人は今日何時に出勤すると言っていますか。

1. 午前中
2. 午後3時
3. 午後6時
4. 午後8時

해석

남자와 여자가 전화로 이야기하고 있습니다. 남자는 오늘 몇 시에 출근한다고 말하고 있습니까?

남 : 여보세요. 다나베 씨? 저기, 나 아직 발이 안 나아서 오늘도 쉬어야겠어.

여 : 그래? 7시에 중요한 회의가 있는데 모리 씨가 없으면 안 돼. 어떻게 좀 안 될까?

남 : 그렇구나. 어쩔 수 없네. 그럼, 저녁 먹고 나서 늦게 출근해도 될까?

여 : 글쎄. 회의에서 사용할 자료도 체크해 주지 않으면 안 되고. 조금 더 일찍 올 수 없어?

남 : 미안. 3시부터 병원 치료가 있어서 좀 무리야. 자료 체크는 집에서도 할 수 있으니까 메일로 보내 주겠어?

여 : 알았어. 힘들겠지만 부탁할게.

남자는 오늘 몇 시에 출근한다고 말하고 있습니까?

1. 오전 중
2. 오후 3시
3. 오후 6시
4. 오후 8시

2ばん

スクリプト 7-08

男の人と女の人が話しています。男の人はどうして引っ越しましたか。

男：先週、引っ越したんですよ。
女：えー？ どうしてですか。部屋が広いってすごく気に入ってたじゃないですか。
男：まあ、新しくて明るい家だったんですけどね。
女：そうでしょう？
男：でも駅から遠くてちょっと住むのが大変でした。何か買いに行くにも駅前のスーパーまでいちいち車で行かないといけなかったし。
女：あ、それはちょっと不便かもしれませんね。
男：それから、会社の仕事で疲れている時って家まで遠くていつも大変でした。
女：そうだったんですか。

男の人はどうして引っ越しましたか。

1. 家が暗くて怖いから
2. 家が駅から遠いところにあるから
3. 駅の近くに新しいスーパーができたから
4. 会社の仕事が大変だから

해석

남자와 여자가 이야기하고 있습니다. 남자는 왜 이사했습니까?

남 : 지난주에 이사했어요.
여 : 네? 왜요? 방이 넓다고 굉장히 마음에 들어 했잖아요.
남 : 그런대로 새로 지었고 밝은 집이었는데 말이죠.
여 : 그렇죠?
남 : 하지만 역에서 멀어서 사는 게 좀 힘들었어요. 뭔가를 사러 가려고 해도 역 앞의 슈퍼까지 일일이 차로 가지 않으면 안 됐고.
여 : 아, 그건 좀 불편할지도 모르겠네요.
남 : 그리고 회사 일로 피곤할 때도 집까지 멀어서 언제나 힘들었어요.
여 : 그랬어요?

남자는 왜 이사했습니까?

1. 집이 어둡고 무서워서
2. 집이 역에서 먼 곳에 있어서
3. 역 근처에 새 슈퍼가 생겨서
4. 회사 일이 힘들어서

3ばん

スクリプト 7-09

男の人と女の人が話しています。男の人は夕食をどうすると言っていますか。

女：明日のコンサートの時間忘れないでよ。5時30分よ。
男：え？ 約束の時間、5時30分だったっけ？ じゃあ、夕食どうしようかな。
女：終わってから食べるのはどう？
男：2時間もかかるんだろう？ お腹すいちゃってだめだよ。
女：じゃあ、私がおにぎりでも作ってくるわよ。
男：うーん。どうしようかな。おにぎりだと足りなさそうだし。
女：じゃあ、お弁当屋さんでおにぎりセッ

トでも買って会場で食べましょう。うどんがついてくるからけっこうお腹いっぱいになるわよ。
男：そうだな。それだと量も十分だし。手作りのおにぎりは今度にしような。

男の人は夕食をどうすると言っていますか。
1. おにぎりを家で作ってくる
2. 会場の前でおにぎりセットを食べる
3. 会場の中でおにぎりセットを食べる
4. 手作りのおにぎりとうどんを会場で食べる

해석

남자와 여자가 이야기하고 있습니다. 남자는 저녁을 어떻게 하겠다고 말하고 있습니까?

여：내일 콘서트 시간 잊지 마. 5시 30분이야.
남：뭐? 약속 시간이 5시 30분이었나? 그럼 저녁은 어떻게 할까?
여：끝나고 나서 먹는 건 어때?
남：2시간이나 걸린다면서? 배가 고파서 안 돼.
여：그럼, 내가 주먹밥이라도 만들어 올게.
남：음. 어떻게 하지? 주먹밥으로는 부족할 것 같고.
여：그럼 도시락 집에서 주먹밥 세트라도 사서 공연장에서 먹자. 우동이 딸려 오니까 꽤 배부를 거야.
남：그래. 그거면 양도 충분하고. 수제 주먹밥은 다음으로 하자.

남자는 저녁을 어떻게 하겠다고 말하고 있습니까?
1. 주먹밥을 집에서 만들어 온다.
2. 공연장 앞에서 주먹밥 세트를 먹는다.
3. 공연장 안에서 주먹밥 세트를 먹는다.
4. 수제 주먹밥과 우동을 공연장에서 먹는다.

4 ばん

스크립트 🎧 7-10

留守番電話のメッセージを聞いています。早苗さんは試験が終わったらどうすると言っていますか。

女：もしもし、早苗です。今から英語の試験を受けに教室に入るところです。たぶん、2時ぐらいには全部終わると思います。ランチは試験が終わったら食べるつもりだから、家には早く帰れないと思います。ランチを食べてから友だちと映画を見に行くかもしれませんが、まだはっきりしていないので決まったら電話します。では、そろそろ時間ですので電話切ります。

早苗さんは試験が終わったらどうすると言っていますか。
1. 家に帰って試験の結果を知らせる
2. お昼を食べに家に帰る
3. 友だちと映画を見に行く
4. お昼を食べに行く

해석

자동응답전화의 메시지를 듣고 있습니다. 사나에 씨는 시험이 끝나면 어떻게 하겠다고 말하고 있습니까?

여：여보세요, 사나에입니다. 지금부터 영어 시험을 보러 교실에 들어가려는 참입니다. 아마 2시 정도에는 전부 끝날 거예요. 점심은 시험이 끝나면 먹을 생각이니까 집에는 일찍 돌아갈 수 없을 것 같아요. 점심을 먹고 나서 친구와 영화를 보러 갈지도 모르겠지만, 아직 확실하지 않으니 결정되면 전화할게요. 그럼, 슬슬 시간이 다 돼서 전화 끊겠습니다.

사나에 씨는 시험이 끝나면 어떻게 하겠다고 말하고 있습니까?

1. 집에 돌아가서 시험 결과를 알린다.
2. 점심을 먹으러 집으로 간다.
3. 친구와 영화를 보러 간다.
4. 점심을 먹으러 간다.

5ばん

7-11

男の学生と女の学生が話しています。男の学生はどうして実家に帰りますか。

男：あのさ。悪いけど、夏休みに一緒に勉強しようって約束守れそうにないよ。
女：え？どうして？
男：僕、ちょっと実家に帰らないといけないんだ。
女：どうしたの？何かあったの？
男：実はね、今住んでるところのお風呂場がこわれてしまったんだ。それで修理しないといけないことになってしばらく実家に帰ってないといけないんだよ。
女：修理なんてすぐ終わるんじゃないの？別に実家に帰る必要までないわよ。
男：いや、お風呂場をこわしたのが僕なんだよ。修理代払ったらさ、生活費がなくなってしまってさ。
女：そうだったの。かわいそうに。

男の学生はどうして実家に帰りますか。

1. 大家さんとけんかをしたから
2. 生活費が足りないから
3. 家の台所がこわれたから
4. 実家のお風呂場がこわれたから

해석

남학생과 여학생이 이야기하고 있습니다. 남학생은 왜 본가에 돌아갑니까?

남 : 있잖아. 미안하지만, 여름방학에 함께 공부하자던 약속 못 지킬 것 같아.
여 : 뭐? 왜?
남 : 나 잠시 본가에 가지 않으면 안 되거든.
여 : 왜 그러는데? 무슨 일 있어?
남 : 실은 지금 살고 있는 집의 목욕탕이 망가져 버렸어. 그래서 수리하지 않으면 안 되게 돼서 잠시 본가에 돌아가 있지 않으면 안 돼.
여 : 수리 같은 거 금방 끝나지 않아? 딱히 본가에 돌아갈 필요까지 없어.
남 : 아니, 목욕탕을 망가뜨린 게 나거든. 수리비 냈더니 생활비가 없어서 말이야.
여 : 그랬구나. 딱하네.

남학생은 왜 본가에 돌아갑니까?

1. 집주인과 싸워서
2. 생활비가 모자라서
3. 집 부엌이 망가져서
4. 본가의 목욕탕이 망가져서

6ばん

7-12

デパートで男の人と女の人が話しています。女の人はだれのためにお菓子を買うと言っていますか。

女：ちょっと待ってて。このお菓子買っていくから。
男：え、誰にプレゼントするの？
女：この前、裕子がピアノコンクールで入賞したでしょう？裕子のことでお世話になった方にさし上げようと思って。
男：じゃあ、ピアノの先生にプレゼントするの？

女：ピアノの先生にはとっくにお礼をお渡ししたわよ。実はね、ピアノの先生の知り合いの方にドレスを貸していただいたのよ。
男：あー。そうだったのか。僕はてっきりレンタル屋さんで借りたのかと思ったよ。

女の人はだれのためにお菓子を買うと言っていますか。

1. ピアノの先生
2. ピアノ教室の知り合い
3. ピアノの先生の知り合い
4. レンタル屋さん

해석

백화점에서 남자와 여자가 이야기하고 있습니다. 여자는 누구를 위해서 과자를 산다고 말하고 있습니까?

여 : 잠깐 기다리고 있어. 이 과자 사서 갈 테니까.
남 : 뭐? 누구한테 선물하는데?
여 : 요전에 유코가 피아노 콩쿠르에서 입상했잖아? 유코 일로 신세를 진 분께 드리려고.
남 : 그럼, 피아노 선생님한테 선물하는 거야?
여 : 피아노 선생님께는 진작에 선물을 했어. 실은 피아노 선생님의 지인 분한테 드레스를 빌렸거든.
남 : 아, 그랬구나. 나는 영락없이 대여점에서 빌린 건 줄 알았어.

여자는 누구를 위해서 과자를 산다고 말하고 있습니까?

1. 피아노 선생님
2. 피아노 학원의 지인
3. 피아노 선생님의 지인
4. 대여점

問題 3

page 158

1 ばん

스크립트 🎧 7-13

男の人と店員が話しています。
女：お客様。何をご注文なさいますか。
男：いや、そうじゃなくて。さっきここでチーズバーガーセットを注文したんですけど。家に帰ったらクーポンを使ってなかったのを思い出したんです。
女：あ、どのようなクーポンでございますか。
男：バーガーセットを買うと、コーラを無料でもらえるクーポンなんです。
女：お客様、領収書はお持ちですか。
男：それが、もらってすぐ捨ててしまって、持ってないんです。
女：それじゃあ、すみませんが。今回はお使いできません。
男：そうですか。仕方ありませんね。
女：申し訳ありません。代わりにコーヒーの無料クーポンをさしあげます。

男の人はハンバーガー屋さんに何をしに行きましたか。

1. コーラの無料クーポンをもらいに行った
2. コーラの無料クーポンを使いに行った
3. コーヒーの無料クーポンをもらいに行った
4. チーズバーガーセットを買いに行った

해석

남자와 점원이 이야기하고 있습니다.
여 : 손님, 무엇을 주문하시겠습니까?
남 : 아니, 그게 아니라. 아까 여기서 치즈버거세트를 주문했는데요. 집에 갔더니 쿠폰을 사용하지 않

은 게 생각나서요.
여 : 아, 어떤 쿠폰입니까?
남 : 버거세트를 사면 콜라를 무료로 받을 수 있는 쿠폰입니다.
여 : 손님, 영수증은 가지고 계십니까?
남 : 그게 받고 바로 버려서 가지고 있지 않아요.
여 : 그럼 죄송하지만, 이번에는 쓰실 수 없습니다.
남 : 그렇습니까? 어쩔 수 없네요.
여 : 죄송합니다. 대신에 커피 무료 쿠폰을 드리겠습니다.

남자는 햄버거 가게에 무엇을 하러 갔습니까?

1. 콜라 무료 쿠폰을 받으러 갔다.
2. 콜라 무료 쿠폰을 사용하러 갔다.
3. 커피 무료 쿠폰을 받으러 갔다.
4. 치즈버거세트를 사러 갔다.

2ばん

スクリプト 7-14

男の人と女の人が話しています。

男 : あの、お話って何でしょうか。
女 : あの、私は隣に住んでいる前田と申します。ごみ捨て場のことでお知らせすることがあるんです。今週からごみを捨てる場所が変わったんです。今まで地下まで行ってごみを捨てていましたが、それが面倒だという住民たちの意見が多くて今週からアパートの裏側にごみを捨てることになりました。決まった場所に捨てないと罰金を取られますので気をつけてください。

女の人は男の人に何を知らせに来ましたか。

1. 地下にゴミ捨て場ができたこと
2. 燃えるごみは地下に捨てること
3. 燃えないごみはアパートの裏側に捨てること
4. ゴミを決まった場所に捨てること

해석

남자와 여자가 이야기하고 있습니다.

남 : 저기, 하실 말씀이란 게 뭐죠?
여 : 저, 저는 옆집에 살고 있는 마에다라고 합니다. 쓰레기장 일로 알려 드릴 것이 있습니다. 이번 주부터 쓰레기를 버리는 장소가 바뀌었답니다. 지금까지 지하까지 가서 쓰레기를 버리고 있었는데요, 그게 번거롭다는 주민들의 의견이 많아서 이번 주부터 아파트 뒤쪽에 쓰레기를 버리게 되었습니다. 정해진 장소에 버리지 않으면 벌금을 물게 되니 조심해 주세요.

여자는 남자에게 무엇을 알리러 왔습니까?

1. 지하에 쓰레기장이 생긴 것
2. 타는 쓰레기는 지하에 버릴 것
3. 타지 않는 쓰레기는 아파트 뒤쪽에 버릴 것
4. 쓰레기를 정해진 장소에 버릴 것

3ばん

スクリプト 7-15

男の人がテレビで話しています。

男 : 最近、県内での交通事故が多く発生しています。去年の交通事故による死者は17人でしたが、今年に入ってからのオートバイによる交通事故が3倍も増えたため、昨年に比べて交通事故による死亡者数は増加しています。警察は、オートバイに乗る時、ヘルメットをかぶらずにスピードを出す若者が多いことが大きな問題になっていると発表しています。

男の人は何について話していますか。

1. ヘルメットをかぶらずにオートバイに乗る理由
2. オートバイ事故のこわさ
3. オートバイ事故の増加
4. 交通事故が減っている理由

해석

남자가 텔레비전에서 이야기하고 있습니다.

남 : 최근에 현 내에서의 교통사고가 많이 발생하고 있습니다. 작년 교통사고에 의한 사망자는 17명이었습니다만, 올해 들어서부터 오토바이에 의한 교통사고가 3배나 증가했기 때문에, 작년에 비해서 교통사고에 의한 사망자 수는 증가하고 있습니다. 경찰은 오토바이를 탈 때, 헬멧을 쓰지 않고 스피드를 내는 젊은이들이 많은 게 큰 문제가 되고 있다고 발표하고 있습니다.

남자는 무엇에 대해서 이야기하고 있습니까?

1. 헬멧을 쓰지 않은 채로 오토바이를 타는 이유
2. 오토바이 사고의 공포
3. 오토바이 사고의 증가
4. 교통사고가 줄고 있는 이유

問題 4

page 159

1 ばん

스크립트 7-16

さいふをなくしてしまいました。なんと言いますか。
女：1. 私のさいふ、大丈夫？
　　2. 私のさいふ、知らない？
　　3. 私のさいふ、ほしい？

해석

지갑을 잃어버렸습니다. 뭐라고 말합니까?

여 : 1. 내 지갑, 괜찮아?
　　2. 내 지갑, (어딨는지) 모르니?
　　3. 내 지갑, 갖고 싶어?

2 ばん

스크립트 7-17

友だちが病気にかかりました。なんと言いますか。
女：1. 早く元気になってね。
　　2. とんでもないね。
　　3. 早く立派になってね。

해석

친구가 병에 걸렸습니다. 뭐라고 말합니까?

여 : 1. 빨리 건강해져.
　　2. 터무니없네.
　　3. 빨리 훌륭해져.

3 ばん

스크립트 7-18

ピアノの練習を休みたいです。なんと言いますか。
男：1. 今すぐやってみてもいいですか。
　　2. ちょっとがんばってもいいですか。
　　3. ちょっと休んでもいいですか。

해석

피아노 연습을 쉬고 싶습니다. 뭐라고 말합니까?

남 : 1. 지금 바로 해 봐도 됩니까?
　　2. 조금 힘내도 됩니까?
　　3. 조금 쉬어도 됩니까?

4ばん

スクリプト 7-19

パーティーに招待されました。なんと言いますか。

男：1. 招待してくださるなんて失礼ですね。
　　2. 招待してくださってごめんなさい。
　　3. 招待していただいて光栄です。

해석

파티에 초대받았습니다. 뭐라고 말합니까?

남：1. 초대해 주시다니 실례군요.
　　2. 초대해 주셔서 미안합니다.
　　3. 초대해 주셔서 영광입니다.

2ばん

スクリプト 7-21

女：お久しぶりですね。
男：1. 本当にそうですね。
　　2. またお会いしましょう。
　　3. お大事に。

해석

여：오랜만입니다.
남：1. 정말 그러네요.
　　2. 또 만나요.
　　3. 몸조심하세요.

問題 5
page 163

1ばん

スクリプト 7-20

男：今日の水泳の試合負けちゃったよ。
女：1. よかったね。
　　2. 残念だったね。
　　3. 元気出るね。

해석

남：오늘 수영 시합 졌어.
여：1. 잘됐네.
　　2. 아쉽네.
　　3. 힘이 나네.

3ばん

スクリプト 7-22

男：あの、少し静かにしていただけませんか。
女：1. あ、かまいません。
　　2. え？そうなんですか。
　　3. あ、そこまで聞こえてましたか。

해석

남：저기, 조금 조용히 해 주시지 않겠습니까?
여：1. 아, 상관없습니다.
　　2. 네? 그런가요?
　　3. 아, 거기까지 들렸습니까?

4ばん

스크립트 7-23

女：こちらは禁煙席でございますので、たばこはご遠慮いただけますか。
男：1. それは大変ですね。
　　2. あ、失礼しました。
　　3. じゃあ、失礼します。

해석

여 : 이쪽은 금연석이니 담배는 삼가 주시겠어요?
남 : 1. 그거 참 힘들겠네요.
　　2. 아, 실례했습니다.
　　3. 그럼 실례하겠습니다.

5ばん

스크립트 7-24

男：お目にかかれて光栄です。
女：1. こちらこそ光栄です。
　　2. まったくその通りです。
　　3. 目に何か入りました。

해석

남 : 만나뵙게 돼서 영광입니다.
여 : 1. 저야말로 영광입니다.
　　2. 정말로 그렇습니다.
　　3. 눈에 뭔가 들어갔습니다.

6ばん

스크립트 7-25

女：あの映画、けっこうおもしろいそうですよ。
男：1. 本当においしそうですね。
　　2. そうらしいですね。
　　3. 何も聞けませんでした。

해석

여 : 저 영화 꽤 재미있대요.
남 : 1. 정말로 맛있어 보이네요.
　　2. 그런 모양이네요.
　　3. 아무것도 못 들었습니다.

7ばん

스크립트 7-26

男：明日までに宿題を出してください。
女：1. 何度もやってみました。
　　2. しっかりしてください。
　　3. 何とかやってみます。

해석

남 : 내일까지 숙제를 제출해 주세요.
여 : 1. 몇 번이나 해 봤습니다.
　　2. 정신 차리세요.
　　3. 어떻게든 해 보겠습니다.

8ばん

スクリプト 7-27

女：本当にお若いですね。

男：1. とんでもないです。
　　2. しょうがないですね。
　　3. 若い人はすごいですね。

해석

여：정말로 젊으시네요.

남：1. 천만에요.
　　2. 어쩔 수 없네요.
　　3. 젊은 사람은 굉장하네요.

9ばん

スクリプト 7-28

男：もうすぐ夏休みだね。

女：1. すっきりしたわ。
　　2. わくわくするわね。
　　3. はっきりしてね。

해석

남：이제 곧 여름방학이네.

여：1. 상쾌해졌어.
　　2. 가슴이 두근거려.
　　3. 확실히 해 줘.

파이널 테스트 ❸ 8-00

問題 1
page 164

1ばん

スクリプト 8-01

眼科で先生と女の人が子供の検査結果について話しています。女の人はこのあと、まず何をしますか。

男：えーと。検査の結果、みのる君はたしかに前より視力が落ちていますね。

女：やっぱり、そうだと思いました。夏休みだからって、ゲームばっかりやってるんです。

男：生まれつき視力が悪い子供もいますけど、みのる君の場合はゲームですね。ゲームのやりすぎは目に良くないですから。

女：そうですよね。家に帰ったら、ゲーム機は見えない所に隠しておきます。

男：それから、視力は悪くなってますが、今かけてる眼鏡は不便じゃなかったらそのまま使ってもいいですよ。

女：そうですか。じゃあ、新しく取り替える必要はないですね。

男：はい。でも、違和感を感じたら、その時は変えないといけませんよ。

女：わかりました。先生、目がかゆいのも視力が落ちたのが原因ですか。

男：それは、違います。目のかゆみは、1日2回、目薬をささないと治りません。

女：じゃあ、目薬を買って帰らないと。

女の人はこのあと、まず何をしますか。
1. 眼鏡屋さんで新しい眼鏡を買う
2. 家に帰って、ゲーム機を隠す
3. 薬局に目薬を買いに行く
4. 目がかゆいので、検査をもう一度する

> 해석

안과에서 선생님과 여자가 아이의 검사 결과에 대해서 이야기하고 있습니다. 여자는 이후에 우선 무엇을 합니까?

남 : 음. 검사 결과, 미노루 군은 확실히 전보다 시력이 떨어졌네요.

여 : 역시 그럴 거라고 생각했어요. 여름방학이니까라며 게임만 하고 있거든요.

남 : 선천적으로 시력이 나쁜 아이도 있지만, 미노루 군의 경우는 게임이군요. 게임을 과하게 하는 건 눈에 안 좋거든요.

여 : 그렇죠? 집에 돌아가면 게임기는 보이지 않는 곳에 숨겨 놔야겠어요.

남 : 그리고 시력은 나빠졌지만, 지금 쓰고 있는 안경은 불편하지 않으면 그대로 써도 됩니다.

여 : 그래요? 그럼, 새로 바꿀 필요는 없겠네요.

남 : 네. 하지만 불편함을 느끼면 그때는 바꾸지 않으면 안 돼요.

여 : 알겠습니다. 선생님, 눈이 가려운 것도 시력이 떨어진 게 원인인가요?

남 : 그건 아니에요. 눈의 가려움은 하루 두 번, 안약을 넣으면 나아져요.

여 : 그럼, 안약을 사서 돌아가야겠네요.

여자는 이후에 우선 무엇을 합니까?
1. 안경점에서 새 안경을 산다.
2. 집에 돌아가서 게임기를 숨긴다.
3. 약국에 안약을 사러 간다.
4. 눈이 가려워서 검사를 다시 한 번 한다.

2ばん

> 스크립트 8-02

先生が教室で工作の話をしています。学生たちはこのあと、まず何をしなければなりませんか。

女：今日は、ペットボトルを使った未来型ロボットを作ります。ペットボトル、飾り物、はさみやのりなどは自分で準備するように言いましたね。カッターを持ってきた人は、あぶないので先生のところに来て使うようにしてください。工作を始める前に、ペットボトル工作の映像を見ますので、自分の席に静かに戻ってください。暗くなると、机の上にある物はさわってはいけませんので、座る前にかばんの中に入れておくようにしてください。

学生たちはこのあと、まず何をしなければなりませんか。
1. ペットボトル工作を始める
2. カッターを先生のところに持っていく
3. 自分の席に静かに座る
4. 机の上の物をかばんに入れる

> 해석

선생님이 교실에서 공작 이야기를 하고 있습니다. 학생들은 이후에 우선 무엇을 하지 않으면 안 됩니까?

여 : 오늘은 페트병을 사용한 미래형 로봇을 만들겠습니다. 페트병, 장식품, 가위랑 풀 등은 직접 준비하라고 했죠? 커터를 가져온 사람은 위험하니까 선생님이 있는 곳에 와서 사용하도록 하세요. 공작을 시작하기 전에 페트병 공작 영상을 볼 테니까 자기 자리로 조용히 돌아가 주세요. 어두워지면 책상 위에 있는 물건은 만지면 안 되니까 앉기 전에 가방 안에 넣어 두도록 하세요.

학생들은 이후에 우선 무엇을 하지 않으면 안 됩니까?

1. 페트병 공작을 시작한다.
2. 커터를 선생님이 있는 곳에 가져간다.
3. 자기 자리에 조용히 앉는다.
4. 책상 위의 물건을 가방에 넣는다.

3ばん

🎧 8-03

会社で部長と女の人が話しています。女の人は会議の日をいつだと知らせますか。

男：太田君。来月の会議なんだが……。その日に中国出張があるんだ。

女：どの日ですか。毎月二回、二週目の金曜日と四週目の金曜日にありますが。

男：あ、二週目の会議の日だ。本当は三週目の月曜日に行く予定だったんだけど、急に変わってね。

女：じゃあ、会議の日を変更いたしましょうか。三週目の金曜日はどうでしょうか。

男：いや、その日は社長と重要な約束があるんだ。

女：じゃあ、どうなさいますか。

男：二週目の会議では、報告書を読んで意見を聞くだけでいいから、僕は参加しないことにするよ。その日の会議の内容は君がまとめて、メールで送ってくれるかな？

女：わかりました。部長、これから会議のお知らせをメールで送るので、ご確認をお願いしたいのですが。四週目の会議の日はお変わりございませんね？

男：うん。そうだよ。

女の人は会議の日をいつだと知らせますか。

1. 二週目の金曜日と三週目の金曜日
2. 二週目の金曜日と四週目の金曜日
3. 二週目の金曜日と三週目の月曜日
4. 四週目の金曜日

해석

회사에서 부장과 여자가 이야기하고 있습니다. 여자는 회의 날짜를 언제라고 알립니까?

남 : 오타 군. 다음 달 회의 말인데. 그날 중국 출장이 있어.

여 : 어느 날이에요? 매달 두 번, 둘째 주 금요일과 넷째 주 금요일에 있는데요.

남 : 아, 둘째 주 회의 날이야. 원래는 셋째 주 월요일에 갈 예정이었는데, 갑자기 바뀌었어.

여 : 그럼, 회의 날을 변경할까요? 셋째 주 금요일은 어떠세요?

남 : 아니, 그날은 사장님과 중요한 약속이 있어.

여 : 그럼, 어떻게 하시겠어요?

남 : 둘째 주 회의에서는 보고서를 읽고 의견을 듣기만 하면 되니까 나는 참석하지 않는 걸로 하지. 그날 회의 내용은 자네가 정리해서 메일로 보내 주겠어?

여 : 알겠습니다. 부장님, 이제부터 회의 공지를 메일로 보낼 건데, 확인해 주셨으면 하는데요. 넷째 주 회의 날은 변경이 없는 거죠?

남 : 응. 그렇지.

여자는 회의 날을 언제라고 알립니까?

1. 둘째 주 금요일과 셋째 주 금요일
2. 둘째 주 금요일과 넷째 주 금요일
3. 둘째 주 금요일과 셋째 주 월요일
4. 넷째 주 금요일

4 ばん

スクリプト 8-04

書店の店員と女の人が電話で話しています。
女の人はこのあと、何をしますか。

女：もしもし。持っている本を売りたいのですが。

男：それじゃあ、ホームページでお申し込みをお願いします。あ、申し込まれる前に、買い取らない本のリストをチェックしてください。

女：はい。あの、本は直接持っていかないといけないんですか。

男：あ、宅配サービスをご利用できますよ。

女：よかった。本が多くてどうやって運べばいいのか困っていたんですよ。

男：お申し込まれる時、宅配サービスも一緒に申し込まれると、宅配業者がご自宅の方へ伺いますので。

女：あ、そうですか。

男：それから、お買い取りできない本がある場合、ご連絡いたします。

女：はい。わかりました。

女の人はこのあと、何をしますか。
1. ホームページで本の買い取りを申し込む
2. 買い取らない本のリストをチェックする
3. 宅配サービスを申し込む
4. 書店に本を持っていく

해석

서점 점원과 여자가 전화로 이야기하고 있습니다. 여자는 이후에 무엇을 합니까?

여 : 여보세요. 가지고 있는 책을 팔고 싶은데요.
남 : 그럼, 홈페이지에서 신청해 주세요. 아, 신청하시기 전에 매입하지 않는 책 리스트를 확인해 주세요.
여 : 네. 저, 책은 직접 가져가야 하나요?
남 : 아, 택배 서비스를 이용하실 수 있습니다.
여 : 다행이다. 책이 많아서 어떻게 운반하면 좋을지 고민했거든요.
남 : 신청하실 때 택배 서비스도 같이 신청하시면 택배업자가 댁으로 방문하거든요.
여 : 아, 그래요?
남 : 그리고 매입할 수 없는 책이 있을 경우, 연락드리겠습니다.
여 : 네, 알겠습니다.

여자는 이후에 무엇을 합니까?
1. 홈페이지에서 책 매입을 신청한다.
2. 매입하지 않는 책 리스트를 확인한다.
3. 택배 서비스를 신청한다.
4. 서점에 책을 가지고 간다.

5 ばん

スクリプト 8-05

女の人と男の人が話しています。女の人はこのあと、どうしますか。

男：夏に行く旅行の準備はちゃんとしてる？

女：あ、そうだ。パスポートを新しく作り直さないといけないの。

男：そうか。写真は撮ってあるの？写真ないと、作れないよ。

女：履歴書用の写真がまだ残ってるけど、それじゃだめかな？

男：背景の色が暗いからだめだと思うけど、一応写真館に電話して聞いてみたら？

女：うん。そうする。

男：それから、旅行先は夜になると冷えるっていうから、長袖と長ズボンを持っていかないとな。

女：あら、冬物は押し入れに全部しまっちゃったわよ。向こうに着いたら、安いのを買いましょう。
男：そんな暇ないと思うけどね。とにかく、分かった。

女の人はこのあと、どうしますか。
1. 写真館に電話する
2. 写真館で写真を撮る
3. 押し入れから冬物の洋服を出す
4. パスポートを作りに出かける

해석

여자와 남자가 이야기하고 있습니다. 여자는 이후에 어떻게 합니까?

남 : 여름에 갈 여행 준비는 잘하고 있어?
여 : 아, 맞다. 여권을 새로 발급받아야 해.
남 : 그렇구나. 사진은 찍어 뒀어? 사진이 없으면 못 만들어.
여 : 이력서용 사진이 아직 남아 있긴 한데, 그걸로는 안 될까?
남 : 배경색이 어두워서 안 될 것 같은데, 일단 사진관에 전화해서 물어보는 게 어때?
여 : 응. 그렇게 할게.
남 : 그리고 여행지는 밤이 되면 싸늘하다고 하니까 긴팔과 긴바지를 가져가야 해.
여 : 어머, 겨울옷은 옷장에 전부 넣어 버렸어. 저쪽에 도착하면 싼 것을 사자.
남 : 그럴 여유가 없을 것 같은데. 어쨌든 알았어.

여자는 이후에 어떻게 합니까?
1. 사진관에 전화한다.
2. 사진관에서 사진을 찍는다.
3. 옷장에서 겨울옷을 꺼낸다.
4. 여권을 만들러 나간다.

6ばん

스크립트 8-06

大学で女の人と男の留学生が話しています。男の留学生はこれから何をしますか。

女：李さん。来週の食事会は、近藤君の家でするの。来る時、得意な料理を作ってきてね。
男：え？僕の得意な料理って、ラーメンしかないんだけどな。
女：料理が無理なら、買ってきてもいいのよ。でも、みんな李さんの韓国料理が食べたいって期待してるんだけどね。
男：なんだよ。僕、料理下手なの知ってるくせに。
女：はは。冗談よ。気にしないで。
男：気にするよ。あ、そうだ。キムチチャーハンだったら、作れるかも。スーパーで売ってるチャーハンにキムチを入れて炒めてみようかな。
女：それ、いいアイディアね。一回やってみたら？
男：うん。じゃあ、キムチはあるから、チャーハン買ってこないとな。
女：私もレポート終わったから、一緒に行ってあげる。
男：ありがとう。

男の留学生はこれから何をしますか。
1. キムチを買いにスーパーに行く
2. キムチチャーハンを作ってみる
3. チャーハンを買いにスーパーに行く
4. キムチラーメンを買いにスーパーに行く

해석

대학교에서 여자와 남자 유학생이 이야기하고 있습니다. 남자 유학생은 이제부터 무엇을 합니까?

여 : 이 씨. 다음 주 식사 모임은 곤도 군 집에서 할 거야. 올 때, 잘하는 음식을 만들어 와.
남 : 뭐? 내가 잘하는 요리는 라면밖에 없는데.
여 : 요리가 무리면 사 와도 돼. 하지만 모두 이 씨의 한국요리를 먹고 싶다며 기대하고 있는데.
남 : 뭐야. 나 요리 못하는 거 알면서.
여 : 하하. 농담이야. 신경 쓰지 마.
남 : 신경 쓰이지. 아, 맞다. 김치볶음밥이라면 만들 수 있을지도 몰라. 슈퍼에서 파는 볶음밥에 김치를 넣어서 볶아 볼까?
여 : 그거 좋은 아이디어네. 한번 해 보는 게 어때?
남 : 응. 그럼 김치는 있으니까 볶음밥을 사 와야지.
여 : 나도 리포트 끝났으니까 같이 가 줄게.
남 : 고마워.

남자 유학생은 이제부터 무엇을 합니까?

1. 김치를 사러 슈퍼에 간다.
2. 김치볶음밥을 만들어 본다.
3. 볶음밥을 사러 슈퍼에 간다.
4. 김치라면을 사러 슈퍼에 간다.

問題 2

page 167

1ばん

スクリプト 8-07

母親と息子が話しています。息子はどうしてがっかりしていますか。

女：ねえ、健二君。誕生日なのに、どうしてそんな悲しい顔をしてるの？
男：それがね、誕生日ケーキのろうそくの火を消すときのことなんだけど。
女：あ、さっきね？ろうそくの火、消せなくてがっかりしてるのね。お兄さんが先に消しちゃったでしょう？まったく、いじわるなんだから。
男：それは、いつものことだから別にかまわないんだけど。マッチに火をつけることだけはしたかったのに、それさえもお兄さんにマッチを取られてできなかったのが、悲しかったの。
女：そうだったの。
男：だから、願い事をするときにね。次の誕生日のときは、必ずマッチに火をつけられるように、心の中で祈ったんだ。
女：まあ、かわいらしいこと。

息子はどうしてがっかりしていますか。

1. ケーキのろうそくの火を消せなかったから
2. 誕生日なのにお兄さんとけんかしたから
3. マッチに火をつけられなかったから
4. 願い事をするのを忘れたから

해석

엄마와 아들이 이야기하고 있습니다. 아들은 왜 실망하고 있습니까?

여 : 얘야, 겐지. 생일인데 왜 그런 슬픈 얼굴을 하고 있어?
남 : 그게 말야. 생일 케이크 촛불을 끌 때 일인데.
여 : 아, 아까? 촛불을 못 꺼서 힘이 빠져 있는 거구나. 형이 먼저 꺼 버렸지? 정말 못됐다니까.
남 : 그건 늘상 있는 일이라서 별로 상관은 없는데. 성냥에 불을 붙이는 것만은 하고 싶었는데 그것마저도 형한테 성냥을 뺏겨서 못했던 게 슬펐어.
여 : 그랬구나.
남 : 그래서 소원을 빌 때 말야. 다음 생일 때는 꼭 성냥에 불을 붙일 수 있게 해 달라고 마음속으로 빌었어.
여 : 어머, 귀엽기도 하지.

아들은 왜 실망하고 있습니까?

1. 케이크 촛불을 못 꺼서
2. 생일인데 형과 싸워서
3. 성냥에 불을 못 붙여서
4. 소원 비는 것을 깜박해서

2ばん

スクリプト 8-08

空港で男の人と女の人が話しています。男の人は、飛行機の出発が遅れている理由は何だと言っていますか。

女：あら、秋元さん。まだ、飛行機に乗ってないんですか。
男：あ、はい。
女：もしかして、乗り遅れたんですか。
男：それが、急に出発が1時間ほど遅れるって言われて待っているんです。
女：あ、飛行機に何か問題でもあるんじゃないですか。ちょっと怖いですね。荷物はまだ飛行機に乗せてあるんですか。
男：ええ。また乗るつもりですから。
女：そうですか。
男：実は知り合いが、僕が乗る飛行機のスチュワーデスなんですけど、機長がまだ到着してないらしいんです。車の渋滞と交通事故が重なったみたいなんですよ。
女：まあ、そんなこともあるんですか。

男の人は、飛行機の出発が遅れている理由は何だと言っていますか。

1. 飛行機が故障しているから
2. 飛行機の機長が遅刻しているから
3. 空で飛行機が渋滞しているから
4. 荷物が重すぎて降ろさないといけないから

해석

공항에서 남자와 여자가 이야기하고 있습니다. 남자는 비행기 출발이 늦어지고 있는 이유가 뭐라고 말하고 있습니까?

여 : 어머, 아키모토 씨. 아직 비행기에 안 탔어요?
남 : 아, 네.
여 : 혹시 늦어서 못 탄 거예요?
남 : 그게, 갑자기 출발이 한 시간 정도 지연된다고 해서 기다리고 있는 거예요.
여 : 아, 비행기에 뭔가 문제라도 있는 거 아니에요? 좀 무섭네요. 짐은 아직 비행기에 실려 있는 거예요?
남 : 네. 다시 탈 생각이거든요.
여 : 그래요?
남 : 실은 지인이 제가 탈 비행기의 스튜어디스인데요, 기장이 아직 도착하지 않았대요. 자동차 정체와 교통사고가 맞물린 것 같아요.
여 : 어머, 그런 일도 있어요?

남자는 비행기 출발이 늦어지고 있는 이유가 뭐라고 말하고 있습니까?

1. 비행기가 고장 나서
2. 비행기 기장이 지각해서
3. 하늘에서 비행기가 정체되어서
4. 짐이 너무 무거워서 내리지 않으면 안 돼서

3ばん

スクリプト 8-09

テレビで男の人が話しています。アニメ博物館が人気がある一番の理由は何ですか。

男：今日は東京の人気観光スポットである、アニメ博物館についてご紹介いた

します。1階では、人気アニメの最新グッズの販売コーナーが人気です。2階では、人気アニメの映画や漫画の本を見ることができます。3階では、漫画の書き方をプロの先生に教えてもらったり、似顔絵を描いてもらったりするイベントがあります。どれも人気がありますが、博物館が人気なのは、建物の入口に建てられているアニメロボットのおかげなんです。本物そっくりに動き出すので、週末になると写真を撮りたがる人たちでいっぱいなんです。

アニメ博物館が人気がある一番の理由は何ですか。

1. 楽しいイベントがたくさんあるから
2. アニメロボットが動いているように見えるから
3. アニメロボットと写真を撮るイベントがあるから
4. アニメロボットが本物そっくりだから

해석

TV에서 남자가 이야기하고 있습니다. 애니메이션 박물관이 인기가 있는 가장 큰 이유는 무엇입니까?

남 : 오늘은 도쿄의 인기 관광지인 애니메이션 박물관에 대해서 소개해 드리겠습니다. 1층에서는 인기 애니메이션의 최신 굿즈 판매 코너가 인기입니다. 2층에서는 인기 애니메이션 영화나 만화책을 볼 수 있습니다. 3층에서는 만화 쓰는 법을 프로 선생님께 배우거나, 누가 초상화를 그려 주거나 하는 이벤트가 있습니다. 어느 것이나 다 인기가 있습니다만, 박물관이 인기인 것은 건물 입구에 세워져 있는 애니메이션 로봇 덕분입니다. 실물과 똑같이 움직이기 때문에 주말이 되면 사진을 찍고 싶어하는 사람들로 가득찹니다.

애니메이션 박물관이 인기가 있는 가장 큰 이유는 무엇입니까?

1. 즐거운 이벤트가 많이 있어서
2. 애니메이션 로봇이 움직이는 것처럼 보여서
3. 애니메이션 로봇과 사진을 찍는 이벤트가 있어서
4. 애니메이션 로봇이 실물과 똑같아서

4 ばん

スクリプト 8-10

母親と娘が話しています。娘はどうしてカーテンを取り替えたいと言っていますか。

女1：お母さん、部屋のカーテンを取り替えたいんだけど。
女2：あ、そう言えば、ずっと言ってたわね。今のは女の子にしてはちょっと地味かしら。
女1：まあ、私が好きな柄ではないけど、色は悪くないから地味だとは思ったことないよ。
女2：じゃあ、どうして取り替えたいの？
女1：暑くてカーテンを開けっ放しにしてると部屋が丸見えになるからいやなの。
女2：じゃあ、ブラインドに変えようか。ブラインドだと、外からあんまり見えないわよ。
女1：うん。それいい。

娘はどうしてカーテンを取り替えたいと言っていますか。

1. カーテンの色が地味だから
2. カーテンの柄が派手だから
3. カーテンだと部屋の中が見えるから
4. ブラインドの方が外がよく見えるから

해석

엄마와 딸이 이야기하고 있습니다. 딸은 왜 커튼을 바꾸고 싶다고 말하고 있습니까?

여 1 : 엄마, 방 커튼을 바꾸고 싶은데.
여 2 : 아, 그러고 보니 그동안 쭉 말했었네. 지금 건 여자아이치고는 좀 수수한가?
여 1 : 뭐. 내가 좋아하는 무늬는 아니지만, 색은 나쁘지 않아서 수수하다고는 생각한 적 없어.
여 2 : 그럼 왜 바꾸고 싶은 건데?
여 1 : 더워서 커튼을 열어 놓고 있으면 방이 다 보여서 싫어.
여 2 : 그럼 블라인드로 바꿀까? 블라인드라면 밖에서 잘 안 보여.
여 1 : 응. 그거 좋네.

딸은 왜 커튼을 바꾸고 싶다고 말하고 있습니까?

1. 커튼 색이 수수해서
2. 커튼 무늬가 화려해서
3. 커튼이면 방 안이 보여서
4. 블라인드가 밖이 잘 보여서

5 ばん

스크립트 🎧 8-11

会社で男の人と女の人が話しています。女の人はどうして映画を一緒に見に行けませんか。

男 : 橋田さん、コメディー映画のチケットが2枚あるんですけど、一緒に行きませんか。
女 : 映画いいですね。あ、でもその映画は先週、友だちと見ましたよ。
男 : あ、そうですか。
女 : 他の映画なら、2回見てもいいんですが、その映画はちょっと……。
男 : え？面白くないんですか。
女 : 一緒に行った友だちは面白いって言ってましたよ。私は、嫌いな俳優が出るのを知ってたら見に行きませんでした。
男 : そうですか。僕はキャスティングがいいと思ってるんですけどね。
女 : へえ。残念だけど、映画はまたの機会にしましょう。

女の人はどうして映画を一緒に見に行けませんか。

1. 同じ映画を2回は見ないから
2. 好きな俳優が出る映画じゃないから
3. ストーリーが面白くないから
4. コメディー映画は好きじゃないから

해석

회사에서 남자와 여자가 이야기하고 있습니다. 여자는 왜 영화를 함께 보러 가지 못합니까?

남 : 하시다 씨, 코미디 영화 티켓이 두 장 있는데요. 같이 안 갈래요?
여 : 영화 좋네요. 아, 하지만 그 영화는 지난주에 친구랑 봤어요.
남 : 아, 그래요?
여 : 다른 영화라면 두 번 봐도 되는데요, 그 영화는 좀….
남 : 네? 재미없나요?
여 : 같이 간 친구들은 재미있다고 했어요. 저는 싫어하는 배우가 나오는 걸 알았다면 보러 가지 않았을 거예요.
남 : 그래요? 저는 캐스팅이 좋다고 생각하고 있는데요.
여 : 네에. 아쉽지만, 영화는 다음 기회에 봐요.

여자는 왜 영화를 함께 보러 가지 못합니까?

1. 같은 영화를 두 번은 안 봐서
2. 좋아하는 배우가 나오는 영화가 아니라서
3. 스토리가 재미없어서
4. 코미디 영화는 좋아하지 않아서

6 ばん

スクリプト 8-12

コーヒーショップで男の学生と女の学生が話しています。男の学生は勉強に集中するためには、どんな方法がいいと言っていますか。

男：コーヒーショップでは、やっぱりうるさくて勉強できないなあ。

女：私は、試験勉強するとき、イヤホンをして静かな音楽を聞きながらやってるの。けっこう効果あるわよ。

男：そうなんだ。僕は音楽を聞きながら寝ることはできるけど、勉強はできないよ。

女：そう？じゃあ、試験のとき、集中できなかったらどうするの？

男：勉強する前に、ストレッチを軽くして体をリラックスさせると集中できるよ。それと、勉強は静かな場所ですること。

女：そうなの。私はストレッチすると、お腹が空いちゃって勉強に集中できないけどね。

男：激しい運動じゃなくて、軽いストレッチをやるんだよ。

男の学生は勉強に集中するためには、どんな方法がいいと言っていますか。
1. 静かな音楽を聞きながら勉強する
2. 静かな場所でストレッチをしてから勉強する
3. にぎやかな場所でストレッチをしてから勉強する
4. 動きが多い運動をしてから勉強する

해석

커피숍에서 남학생과 여학생이 이야기하고 있습니다.

남학생은 공부에 집중하려면 어떤 방법이 좋다고 말하고 있습니까?

남 : 커피숍에서는 역시 시끄러워서 공부를 할 수가 없네.

여 : 나는 시험 공부할 때 이어폰을 끼고 조용한 음악을 들으면서 해. 꽤 효과가 있어.

남 : 그렇구나. 나는 음악을 들으면서 잘 수는 있지만 공부는 못하겠던데.

여 : 그래? 그럼, 시험 때 집중하지 못하면 어떻게 해?

남 : 공부하기 전에 스트레칭을 가볍게 해서 몸을 편하게 하면 집중할 수 있어. 그리고 공부는 조용한 장소에서 할 것.

여 : 그렇구나. 나는 스트레칭을 하면 배가 고파져서 공부에 집중을 못하는데.

남 : 격렬한 운동이 아니라 가벼운 스트레칭을 하는 거야.

남학생은 공부에 집중하려면 어떤 방법이 좋다고 말하고 있습니까?
1. 조용한 음악을 들으면서 공부한다.
2. 조용한 장소에서 스트레칭을 하고 나서 공부한다.
3. 번화한 장소에서 스트레칭을 하고 나서 공부한다.
4. 움직임이 많은 운동을 하고 나서 공부한다.

問題 3

page 170

1 ばん

スクリプト 8-13

女の人が男の人に旅行の感想を聞いています。

女：週末の旅行はどうだったの？

男：それが、親しい友達と久しぶりの旅行だったから、すごく期待して行ったんだけどね。

女：あ、何かあったんだ。
男：昼は海で泳いで、夜は庭でバーベキューパーティーをしようとしたのに、突然雨が降り出したんだ。
女：あら、すぐ止まなかったの？
男：止むどころか、夜までずっと降り続けて、旅行の計画が全部だめになってしまったよ。
女：それは残念だったわね。じゃあ、何もできなかったの？
男：ううん。お店で夕食を食べながら、昔話で盛り上がって楽しかったよ。翌朝、海辺で写真を撮って思い出もたくさん作ったし。
女：それは、よかったわね。

男の人は旅行についてどう思っていますか。
1. 思い出は作れなかったけど、楽しかった
2. 計画通り遊べなくて、楽しくなかった
3. 思い出は作ったけど、楽しくなかった
4. 計画通り遊べなかったけど、楽しかった

해석

여자가 남자에게 여행 감상을 묻고 있습니다.

여 : 주말 여행은 어땠어?
남 : 그게, 친한 친구들과 오랜만에 하는 여행이라 굉장히 기대하고 갔는데 말이지.
여 : 아, 무슨 일이 있었구나.
남 : 낮에는 바다에서 수영을 하고, 밤에는 마당에서 바비큐 파티를 하려고 했는데, 갑자기 비가 내리기 시작했어.
여 : 어머, 금방 안 그쳤어?
남 : 그치기는 커녕, 밤까지 쭉 계속 내려서 여행 계획이 전부 엉망이 돼 버렸어.
여 : 그거 안됐네. 그럼 아무 것도 못한 거야?
남 : 아니. 음식점에서 저녁을 먹으면서 옛날이야기로 신이 나서 즐거웠어. 다음 날 아침에 바닷가에서 사진을 찍고 추억도 많이 만들었고.
여 : 그거 잘됐네.

남자는 여행에 대해서 어떻게 생각하고 있습니까?
1. 추억은 만들지 못했지만 즐거웠다.
2. 계획대로 놀지 못해서 즐겁지 않았다.
3. 추억은 만들었지만 즐겁지 않았다.
4. 계획대로 놀지 못했지만 즐거웠다.

2ばん

留守番電話のメッセージを聞いています。

男：もしもし、鈴木です。明日、車で来る時、野口さんも一緒に乗せてきてください。新入社員の教育資料を会社に置いてきたので、野口さんに持ってくるように頼んでおきました。野口さんの方から連絡するように言っておきましたので、待ち合わせの時間と場所は電話で決めればいいと思います。雨で道が混むかもしれないし、朝9時から教育が始まりますので、出発はなるべく早めにした方がいいと思います。では、到着したら連絡お願いします。

男の人が一番言いたいことは何ですか。
1. 社員教育の時間に間に合うこと
2. 野口さんに先に電話すること
3. 雨が降るときは運転しないこと
4. 到着したら電話すること

해석

자동응답전화의 메시지를 듣고 있습니다.

남 : 여보세요, 스즈키입니다. 내일 차로 올 때 노구치 씨도 함께 태우고 와 주세요. 신입사원 교육자료를 회사에 놓고 와서 노구치 씨한테 가져오라

고 부탁해 두었습니다. 노구치 씨한테 연락하라고 말해 뒀으니까 만나는 시간과 장소는 전화로 정하면 될 거예요. 비가 와서 길이 막힐지도 모르고, 아침 9시부터 교육이 시작되니까 출발은 되도록 일찍 하는 게 좋을 겁니다. 그럼 도착하면 연락 주세요.

남자가 가장 말하고 싶은 것은 무엇입니까?
1. 사원 교육 시간에 늦지 않을 것
2. 노구치 씨에게 먼저 전화할 것
3. 비가 올 때는 운전하지 않을 것
4. 도착하면 전화할 것

3ばん

스크립트 8-15

ラジオで男の人が話しています。

男：送別会で贈るプレゼントはいつまでも記憶に残っていてほしいですよね。それで、最近は名前入りのプレゼントを贈ることがよくあるそうです。以前は新しい出発の意味として、ボールペンを贈ることが多かったのですが、最近はそのボールペンにもらう人の名前を入れてプレゼントするのだそうです。もらう人が成人なら、お酒類を贈ることもよくありますが、そのお酒のラベルに名前を入れて贈るんですね。自分の名前が入ったプレゼントをもらった人は、その送別会を一生忘れないでしょうね。

男の人は何について話していますか。
1. 一生記憶に残る送別会の場所
2. 名前入りのプレゼントをあげてもいい年齢
3. 最近はやっている送別会のプレゼント
4. あげる人が記憶に残る送別会のプレゼント

해석

라디오에서 남자가 이야기하고 있습니다.

남 : 송별회에서 주는 선물은 언제까지나 기억에 남았으면 하지요. 그래서 요새는 이름을 넣은 선물을 주는 경우가 자주 있다고 합니다. 이전에는 새 출발의 뜻으로 볼펜을 주는 경우가 많았는데요, 최근에는 그 볼펜에 받는 사람의 이름을 넣어서 선물한다고 합니다. 받는 사람이 성인이라면 술을 선물하는 경우도 자주 있는데요, 그 술의 라벨에 이름을 넣어서 주는 거지요. 자기 이름이 들어간 선물을 받은 사람은 그 송별회를 평생 잊지 못할 것입니다.

남자는 무엇에 대해서 이야기하고 있습니까?
1. 평생 기억에 남는 송별회 장소
2. 이름이 들어간 선물을 주어도 좋을 나이
3. 최근에 유행하고 있는 송별회 선물
4. 주는 사람이 기억에 남는 송별회 선물

問題 4   page 171

1ばん

스크립트 8-16

先生に相談したいことがあります。何と言いますか。

男：1. あの、先生。ご相談なさったことがありますか。
2. あの、先生。ご相談にのっていただけませんか。
3. あの、先生。ご相談いただき、ありがとうございます。

해석

선생님께 상담하고 싶은 일이 있습니다. 뭐라고 말합니까?

남 : 1. 저, 선생님. 상담하신 적이 있으세요?
　　 2. 저, 선생님. 상담해 주시겠어요?
　　 3. 저, 선생님. 상담해 주셔서 감사합니다.

2ばん

スクリプト  8-17

通話中に緊急の電話が入りました。先に電話していた人に何と言いますか。

女 : 1. すみません。後でかけ直してもよろしいですか。
　　 2. すみません。電話がよく聞こえないのですが。
　　 3. すみません。ご用件って何でしょうか。

해석

통화 중에 긴급 전화가 들어왔습니다. 먼저 전화하고 있던 사람에게 뭐라고 말합니까?

여 : 1. 죄송합니다. 나중에 다시 걸어도 될까요?
　　 2. 죄송합니다. 전화가 잘 안 들리는데요.
　　 3. 죄송합니다. 용건이 뭔가요?

3ばん

スクリプト  8-18

出張から帰った後、出張先にお礼の電話をします。何と言いますか。

男 : 1. この度は、ありがとうございました。
　　 2. 次回、またいらしてください。
　　 3. 今回は、ご訪問ありがとうございます。

해석

출장에서 돌아온 후, 출장지에 감사 전화를 합니다. 뭐라고 말합니까?

남 : 1. 요전에는 감사했습니다.
　　 2. 다음에 또 오세요.
　　 3. 이번에는 방문해 주셔서 감사드립니다.

4ばん

スクリプト 8-19

お世話になった人と久しぶりに会いました。何と言いますか。

女 : 1. 失礼いたしました。
　　 2. ご苦労様でした。
　　 3. ご無沙汰しております。

해석

신세 진 사람을 오랜만에 만났습니다. 뭐라고 말합니까?

여 : 1. 실례했습니다.
　　 2. 고생하셨습니다.
　　 3. 연락 못 드려서 죄송합니다.

問題 5

page 175

1ばん

スクリプト 8-20

男：あの、名刺をいただけますか。
女：1. いいえ。それでもいいですよ。
　　2. はい。先週いただきました。
　　3. すみません。あいにく名刺を切らしていまして。

해석

남：저, 명함을 받을 수 있을까요?
여：1. 아니요. 그거라도 괜찮습니다.
　　2. 네. 지난주에 받았습니다.
　　3. 죄송합니다. 마침 명함이 떨어져서요.

2ばん

스크립트 8-21

女：待ちに待ったピザがやっと来たわ。
男：1. もう少しで電話するところだったよ。
　　2. さっきから待ってたのにね。
　　3. もう少し待ってもいい？

해석

여：기다리고 기다리던 피자가 겨우 왔네.
남：1. 조금 더 있었으면 전화하려고 했어.
　　2. 아까부터 기다리고 있었는데.
　　3. 좀 더 기다려도 돼?

3ばん

스크립트 8-22

男：今日は外の気温が38度もあるよ。
女：1. 大変。早く病院に行かないと。
　　2. どうりで暑いわけね。
　　3. エアコンつけてるのにね。

해석

남：오늘은 바깥 기온이 38도나 돼.
여：1. 큰일이네. 얼른 병원에 가야지.
　　2. 어쩐지 더운 이유가 있네.
　　3. 에어컨 켜 놨는데.

4ばん

스크립트 8-23

女：このナイフはよく切れますね。大丈夫ですか。
男：1. どうぞご心配なく。
　　2. どうかご無事で。
　　3. 恐れ入ります。

해석

여：이 칼은 잘 드네요. 괜찮아요?
남：1. 부디 걱정 마세요.
　　2. 부디 무사하시길.
　　3. 죄송합니다.

5 ばん

スクリプト 8-24

男：こんなのが100万円もするの？
女：1. もう少し安くしてください。
　　2. もう少し高くてもかまいませんか。
　　3. 信じられないとしか言いようがないわね。

해석

남：이런 게 100만 엔이나 해?
여：1. 좀 더 싸게 해 주세요.
　　2. 좀 더 비싸도 괜찮아요?
　　3. 믿을 수 없다고밖에 말할 수 없어.

6 ばん

스크립트 8-25

女：この映画の主人公って演技が上手ですよね。
男：1. お金がもったいないですね。
　　2. 「風と共に消える」っていう映画でしょう？
　　3. 彼女は演技をしているに違いません。

해석

여：이 영화 주인공이 연기를 잘하지요.
남：1. 돈이 아깝네요.
　　2. '바람과 함께 사라지다'라는 영화죠?
　　3. 그녀는 연기를 하고 있는 게 틀림없어요.

7 ばん

스크립트 8-26

男：あのお店は商売をやめたと聞きましたが。
女：1. 新メニューの開発をきっかけに、また始めたそうです。
　　2. じゃあ、来週から始めてください。
　　3. どうして迷っているんですか。

해석

남：그 가게는 장사를 그만뒀다고 들었는데요.
여：1. 신메뉴 개발을 계기로 다시 시작했대요.
　　2. 그럼, 다음 주부터 시작해 주세요.
　　3. 왜 망설이고 있는 거죠?

8 ばん

스크립트 8-27

女：野口さんはいらっしゃいますか。
男：1. お先に失礼いたします。
　　2. 家に帰り次第、ご連絡いたします。
　　3. 今、席をはずしておりますが。

해석

여：노구치 씨 계십니까?
남：1. 먼저 실례하겠습니다.
　　2. 집에 돌아가는 대로 바로 연락드리겠습니다.
　　3. 지금 자리에 없는데요.

9 ばん

스크립트 8-28

男：こんな夜遅くに、また食べるの？
女：1. ダイエット中なんでしょう？
　　2. お腹が空いてしょうがないの。
　　3. そう。だから、起こさないでね。

해석

남 : 이렇게 밤늦게 또 먹어?

여 : 1. 다이어트 중이잖아?
　　2. 배가 고파서 어쩔 수 없어.
　　3. 그래. 그러니까 깨우지 마.

일본어 능력시험 청해 N3 파이널 테스트 정답

파이널 테스트 ❶

問題 1

1	2	3	4	5	6
3	4	2	3	1	4

問題 2

1	2	3	4	5	6
4	2	3	3	4	2

問題 3

1	2	3
3	4	1

問題 4

1	2	3	4
2	3	2	1

問題 5

1	2	3	4	5	6	7	8	9
1	2	3	1	2	1	2	1	3

파이널 테스트 ❷

問題 1

1	2	3	4	5	6
2	3	2	3	2	3

問題 2

1	2	3	4	5	6
3	2	3	4	2	3

問題 3

1	2	3
2	4	3

問題 4

1	2	3	4
2	1	3	3

問題 5

1	2	3	4	5	6	7	8	9
2	1	3	2	1	2	3	1	2

파이널 테스트 ❸

問題 1

1	2	3	4	5	6
3	4	2	2	1	3

問題 2

1	2	3	4	5	6
3	2	4	3	2	2

問題 3

1	2	3
4	1	3

問題 4

1	2	3	4
2	1	1	3

問題 5

1	2	3	4	5	6	7	8	9
3	1	2	1	3	2	1	3	2

N3 聴解 解答用紙

受験番号 Examinee Registration Number

名前 Name

< ちゅうい Notes >

1. くろいえんぴつ (HB、No.2) でかいてください。
   Use a black medium soft (HB or No.2) pencil.
2. かきなおすときは、けしゴムできれいにけしてください。
   Erase any unintended marks completely.
3. きたなくしたり、おったりしないでください。
   Do not soil or bend this sheet.
4. マークれい Marking examples

よい Correct	わるい Incorrect
●	⊘ ○ ◐ ◑ ○

問題 1

1	①	②	③	④
2	①	②	③	④
3	①	②	③	④
4	①	②	③	④
5	①	②	③	④
6	①	②	③	④

問題 2

1	①	②	③	④
2	①	②	③	④
3	①	②	③	④
4	①	②	③	④
5	①	②	③	④
6	①	②	③	④

問題 3

1	①	②	③	④
2	①	②	③	④
3	①	②	③	④

問題 4

1	①	②	③
2	①	②	③
3	①	②	③
4	①	②	③

問題 5

1	①	②	③
2	①	②	③
3	①	②	③
4	①	②	③
5	①	②	③
6	①	②	③
7	①	②	③
8	①	②	③
9	①	②	③

N3 聴解 解答用紙

受験番号 Examinee Registration Number

名前 Name

〈ちゅうい Notes〉

1. くろいえんぴつ（HB、No.2）でかいてください。
 Use a black medium soft (HB or No.2) pencil.
2. かきなおすときは、けしゴムできれいにけしてください。
 Erase any unintended marks completely.
3. きたなくしたり、おったりしないでください。
 Do not soil or bend this sheet.
4. マークれい Marking examples

よい Correct	わるい Incorrect
●	⊘ ○ ◐ ◑ ①

問題 1

1	①	②	③	④
2	①	②	③	④
3	①	②	③	④
4	①	②	③	④
5	①	②	③	④
6	①	②	③	④

問題 2

1	①	②	③	④
2	①	②	③	④
3	①	②	③	④
4	①	②	③	④
5	①	②	③	④
6	①	②	③	④

問題 3

1	①	②	③	④
2	①	②	③	④
3	①	②	③	④

問題 4

1	①	②	③
2	①	②	③
3	①	②	③
4	①	②	③

問題 5

1	①	②	③
2	①	②	③
3	①	②	③
4	①	②	③
5	①	②	③
6	①	②	③
7	①	②	③
8	①	②	③
9	①	②	③

N3 聴解 解答用紙

受験番号 Examinee Registration Number

名前 Name

< ちゅうい Notes >

1. くろいえんぴつ (HB、No.2) で かいてください。
   Use a black medium soft (HB or No.2) pencil.
2. かきなおすときは、けしゴムで きれいにけしてください。
   Erase any unintended marks completely.
3. きたなくしたり、おったりしないで ください。
   Do not soil or bend this sheet.
4. マークれい Marking examples

よい Correct	わるい Incorrect
●	⊘ ◌ ◐ ⊙ ①

問題 1

	1	2	3	4
1	①	②	③	④
2	①	②	③	④
3	①	②	③	④
4	①	②	③	④
5	①	②	③	④
6	①	②	③	④

問題 2

	1	2	3	4
1	①	②	③	④
2	①	②	③	④
3	①	②	③	④
4	①	②	③	④
5	①	②	③	④
6	①	②	③	④

問題 3

	1	2	3	4
1	①	②	③	④
2	①	②	③	④
3	①	②	③	④

問題 4

	1	2	3
1	①	②	③
2	①	②	③
3	①	②	③
4	①	②	③

問題 5

	1	2	3
1	①	②	③
2	①	②	③
3	①	②	③
4	①	②	③
5	①	②	③
6	①	②	③
7	①	②	③
8	①	②	③
9	①	②	③

N3 聴解 解答用紙

受験番号 Examinee Registration Number

名前 Name

〈 ちゅうい Notes 〉

1. くろいえんぴつ (HB、No.2) で かいてください。
   Use a black medium soft (HB or No.2) pencil.
2. かきなおすときは、けしゴムで きれいにけしてください。
   Erase any unintended marks completely.
3. きたなくしたり、おったりしないで ください。
   Do not soil or bend this sheet.
4. マークれい Marking examples

よい Correct	わるい Incorrect
●	⊘ ◯ ◉ ◍ ⦿ ①

問題 1

1	①	②	③	④
2	①	②	③	④
3	①	②	③	④
4	①	②	③	④
5	①	②	③	④
6	①	②	③	④

問題 2

1	①	②	③	④
2	①	②	③	④
3	①	②	③	④
4	①	②	③	④
5	①	②	③	④
6	①	②	③	④

問題 3

1	①	②	③	④
2	①	②	③	④
3	①	②	③	④

問題 4

1	①	②	③
2	①	②	③
3	①	②	③
4	①	②	③

問題 5

1	①	②	③
2	①	②	③
3	①	②	③
4	①	②	③
5	①	②	③
6	①	②	③
7	①	②	③
8	①	②	③
9	①	②	③